Frank Nico Jaeger

Wir leben nicht in unseren Kirchen!

Frank Nico Jaeger

Wir leben nicht in unseren Kirchen!

Und überhaupt: Wer ist denn dieser Gott?
Predigten von 2005 bis 2011

Fromm Verlag

Impressum/Imprint (nur für Deutschland/ only for Germany)
Bibliografische Information der Deutschen Nationalbibliothek: Die Deutsche Nationalbibliothek verzeichnet diese Publikation in der Deutschen Nationalbibliografie; detaillierte bibliografische Daten sind im Internet über http://dnb.d-nb.de abrufbar.

Contact:
International Book Market Service Ltd., 17 Rue Meldrum, Beau Bassin, 1713-01 Mauritius
Website: www.bookmarketservice.com
Email: info@bookmarketservice.com

Gedruckt in: USA, UK, Deutschland. Dieses Buch wurde nicht in Mauritius produziert.

Imprint (only for USA, GB)
Bibliographic information published by the Deutsche Nationalbibliothek: The Deutsche Nationalbibliothek lists this publication in the Deutsche Nationalbibliografie; detailed bibliographic data are available in the Internet at http://dnb.d-nb.de.

Contact:
International Book Market Service Ltd., 17 Rue Meldrum, Beau Bassin, 1713-01 Mauritius
Website: www.bookmarketservice.com
Email: info@bookmarketservice.com

Printed in: U.S.A., U.K., Germany. This book was not produced in Mauritius.

ISBN: 978-3-8416-0156-8

Inhaltsverzeichnis

2. Könige 5, 1ff.: Just do it, Naaman!
3. Sonntag nach Epiphanias 2006

Röm 6,19-23: Die Vergangenheitsform der Hoffnung.
8. Sonntag nach Trinitatis 2008

Phil 2,5-11: Bewerbung Christi.
Palmsonntag 2010

1.Kor 9,24-27: Corporate Identity.
Septuagesimae 2010

Lk 12, (13-14)15-21: Donald Duck, ein Rabbi und mein Opa erklären die Welt.
Erntedank 2005

Lk 23,33-49: Bodenlose Hoffnung.
Karfreitag 2011

Gen 18,20-21.22b-33: Wir leben nicht in unseren Kirchen.
23. Sonntag nach Trinitatis 2008

Hebr 10,35-36(37-38)39: Gebete zu Farbeimern.
16. Sonntag nach Trinitatis 2008

Mt 5,1-10(11-12): Seid fröhlich und getrost!
Reformation 2009

Mk 7,31-37: Nähe.
12. Sonntag nach Trinitatis 2009

Röm 8,(12-13)14-17: Leben in der Vorstadt.
14. Sonntag nach Trinitatis2006

Röm 8,18-23(24-25): Abendspaziergang.
Vorletzter Sonntag des Kirchenjahres 2010

Jes 29,17-24: Empört euch!
12. Sonntag nach Trinitatis 2011

Vorwort des Autors

„Warum sind Sie Pfarrer geworden?", fragte mich eine Schülerin im Rahmen eines Schulprojektes. „Weil ich den Menschen etwas davon vermitteln wollte, was es heißt, getragen zu sein. Gott trägt uns. Auch wenn man fällt, ist da ein Netz, das einen auffängt.", antwortete ich.

Davon versuche ich in meinen Predigten zu erzählen. Dabei ist die Beziehung zwischen Gott und seinen Menschen so vielfältig wie die Texte, die den Predigten zu Grunde liegen. Keinesfalls sollte in diesem Zusammenhang der Eindruck entstehen, als hätten wir von der Kirche auf alle Fragen eine passende Antwort parat. Vordergründig mögen andere Dinge verhandelt werden, aber im Kern geht es mir um die Erkenntnis, dass wir alle die Chance haben, einen mitgehenden, mitleidenden Gott zu erleben.

Dabei beginne ich erst nach und nach zu begreifen, welche Radikalität sich in dem Auftreten Jesu entfaltet: Menschen hatten zu jeder Zeit große Hoffnungen in den Mann aus Nazareth gesetzt, behandelte er sie doch über alle Gesellschaftsgrenzen hinweg, wie normale Menschen. Er ging in ihre Häuser, er zeigte sich öffentlich mit diesen Menschen und wertete sie auf, weil er sie ernst nahm. Den Vertretern des Establishments war das natürlich nicht geheuer, denn was dieser Mann da öffentlich lehrte, war nichts anderes als das Gegenteil von dem, was bis dahin gegolten hatte.

Ich selber möchte an dieser Stelle den Menschen danken, die mir Ihrerseits davon erzählt haben und mich auf meinem Weg liebevoll und kritisch begleitet haben. Ein besonderer Dank gilt dabei meiner ganzen Familie für die Unterstützung und meiner Frau Kathrin, die die Freude, aber an manchen Tagen auch die Last des Pfarramtes mitträgt.

Just do it, Naaman!

Liebe Gemeinde,
wenn Sie und Ihr das Internet benutzen und in die Internetsuchmaschine „Google“ die Frage eingeben, „Warum lese ich in der Bibel?“, erscheinen viele Treffer für diese Suchanfrage.

Man bekommt sogleich ein paar Hinweise auf günstige Bibeln, einige Anleitungen zum „richtigen Bibellesen“, wobei einem bei näherem Hinsehen sehr schnell klar wird, dass die katholische Kirche diese Seiten betreibt und – wenn man dann weiterblättert, bekommt man einen fruchtbaren Hinweis für die eingegebene Frage.

Nach einigen überschwänglichen Lobpreisungen auf das Buch der Bücher kommt dieser Mensch, der die Seite betreibt, zum Punkt: Er liest die Bibel, weil da halt eine ganze Menge drin steht.

Dem ist von meiner Seite nichts entgegenzusetzen. Und ich schließe mich diesem Votum gerne an.
Die Bibel ist wahrlich nicht einfach nur ein Buch, sondern beizeiten eine flammende Liebesgeschichte, manchmal lässt sie uns in die Abgründe des menschlichen Daseins blicken und ganz oft geht es um die ganz großen Gefühle.
Vertrauen, Enttäuschung, Zorn und Glück kommen relativ häufig in ihr vor. Die Bibel kann man also wie einen großen Film betrachten, aber sie ist mehr als nur ein großer Film. Denn die Geschichten, die sie erzählt, unterhalten nicht nur, sie helfen auch zum Leben.

So auch im heutigen Predigttext, der aus dem Alten Testament entnommen ist.
Ich erzähle Ihnen und Euch noch einmal kurz das Drehbuch dazu.
Es ist eine spannende Geschichte über zwei erfolgreiche und mächtige Männer, die zwar auf dem Höhepunkt ihrer Macht sind, aber leider ist einer der beiden mit einer heimtückischen Krankheit geschlagen: Er hat Lepra.
Der andere Mann ist der König von Israel.

Auch die weiteren Figuren in dieser Geschichte sorgen für einen gewaltigen Spannungsbogen. Eine Sklavin aus dem zuletzt überfallenen Land, ohne Lobby und Rückhalt in der neuen fremden Heimat, wird vom Aschenputtel zur alles entscheidenden Stichwortgeberin für den kranken Feldherrn!
Zu guter Letzt tritt auch noch ein Prophet auf, der das Schicksal des kranken Hauptmannes deutlich mitbestimmt.

Meiner Meinung nach würden allein diese Rahmenbedingungen ein gutes Drehbuch abgeben, nach dem man sich in Hollywood reißen würde...
Es ist alles da, was man für einen spannenden Film braucht: Ein mächtiger Mann, eine weibliche Nebendarstellerin, ein gekröntes Haupt, eine große Gefahr und ein möglicher Retter.

Der kranke Feldherr, Naaman mit Namen, kommt zurück von einer Schlacht, hat noch ein Mädchen entführt und dieses arbeitet nun in seinem Haus. Ein Glücksfall für Naaman. Denn die neue Sklavin weiß um einen Propheten und vermutet, dass dieser den kranken Herrn heilen kann.

Sofort geht ein Schreiben aus dem Haus des Königs von Aram, an den König von Israel, in dessen Land der Prophet leben soll. Man bittet um Hilfe für den kranken Hauptmann und bietet viel Geld.
Der Empfänger ist mehr als verwundert. Nein, er ist sogar empört, denn in der Bitte um die Heilung des Feldherrn, erkennt er eine Anmaßung.

Denn der König von Israel versteht die Bitte des Königs von Aram so, als solle er selber, der König von Israel, den kranken Mann heilen. Das geht zu weit! Er ist doch nicht Gott! Nein, was denken sich diese Aramäer bloß...

Nun tritt der Prophet auf den Plan. Dieser heißt Elisa und wie in jedem guten Drama hat dieser Name eine Bedeutung. Der Name Elisa bedeutet übersetzt „Gott hat geholfen!"

Wenn es für den Hauptmann Naaman noch mehr bedurft hätte - wüsste er den Namen des Propheten, er könnte noch hoffnungsvoller nach Israel reisen.

Aber da sind wir noch nicht, denn zunächst fühlt sich der große Hauptmann in seiner Ehre gekränkt, denn der Prophet, der Unangepasste?, gibt nichts auf große Namen und fährt folglich nicht (!!!) nach Aram, sondern er lässt Naaman selbst vorstellig werden. Dieser wird aber noch wütender, als Elisa mit ihm nicht irgendeinen effektvollen Hokuspokus veranstaltet, sondern nur die folgenden acht Worte übermitteln lässt:
„Geh hin und wasche dich siebenmal im Jordan!"

War Naaman vorher zornig, so tobt er jetzt vor Wut, denn das soll alles sein? Siebenmal untertauchen in einem Fluss? In Israel? Als hätte es in Damaskus, der Stadt aus der er kommt, nicht genügend eigene Flüsse.

Naaman kocht! Aber nicht lange, denn mutige Diener wagen sich an ihn heran und bringen ihn zurück auf den Boden der Tatsachen. Dabei sind die Diener in ihren Worten sehr schmeichelnd und verfehlen wohl nicht ihre Wirkung, denn sie beginnen ihre Intervention wie folgt:
„Lieber Vater, wenn dir der Prophet etwas Großes geboten hätte, hättest du es doch bestimmt auch getan! Wieviel mehr solltest du dies tun, wenn er zu dir sagt: Wasche dich, so wirst du rein!"

Dem kann Naaman nichts entgegensetzen und tut, wie ihm der Prophet geraten hat. Und das Wunder geschieht: Naaman wird geheilt!

Wir steuern direkt auf ein Happy End zu, das am Ende noch heller strahlt, als der Prophet jegliche, absolut jegliche Bezahlung ablehnt und erst einmal einsam in den Sonnenuntergang geht. Nur einen Satz sagt er noch zu Naaman, wahrscheinlich milde lächelnd:
„Zieh hin mit Frieden!"

Ich finde, diese Geschichte hat eine Menge Potential für einen guten Film. Es ist alles drin: Macht, Geld, Großmannssucht, Selbstlosigkeit und gelernte Demut.
Das Attraktive an diesem biblischen Drehbuch ist aber gerade, dass diese Protz-Utensilien wie Geld und Macht eben nicht den Helden unserer Geschichte korrumpieren können. Er geht seinen Weg.
Elisa pfeift auf das Geld des Hauptmannes und pfeift auf Konventionen, er lässt Naaman antanzen. Nicht zuletzt sagt er nur acht entscheidende Worte zu ihm:
„Geh hin und wasche dich siebenmal im Jordan!"

Und genau an diesem Satz hängt das Sympathische dieser Geschichte. Bloß siebenmal waschen? Das ist alles?
Ein Blick auf unser alltägliches Leben soll helfen. Was macht so richtig glücklich, liebe Gemeinde? Sind es immer die ganz großen Gesten? Braucht es wirklich den Lottojackpot, um Frieden mit sich selbst zu schließen?
Muss man immer die Showtreppe runtergehen, um in den Genuss wahrer Glückseligkeit zu kommen?
Ich denke ja, dass es nicht immer so sein muss.

Denn wie steht es mit dem Lächeln der schönen Unbekannten, die mir dieses aus ihrem Auto heraus spendet, während wir gemeinsam darauf warten, dass die Ampel grün wird?
Was ist im Krankenhaus, wo es manchmal nur noch um Berührungen geht? Ein „einfaches" die-Hand-halten kann in manchen Momenten wohl mehr Trost spenden, als alle Reichtümer und großen Gesten zusammen.

Und sonst? Wie steht es im religiösen Leben? Beten wir etwa einen in Purpur gewandeten König an? Oder schauen wir nicht doch auf einen augenscheinlich gebrochenen Mann, der am Kreuz hängt?
Und: Kam dieser Mann nicht in einem Stall zur Welt? Ich will es einmal anders sagen: Das Gespräch an der Supermarktkasse, unvermittelt aber freundlich und verbindlich ist mir lieber als alle Sektempfänge zusammen. Damit will ich sagen, dass die kleinen Dinge ihren ganz eigenen Charme

haben. Man muss sich dafür nicht umziehen oder noch mal zum Frisör, denn die passieren ja einfach.

Allerdings muss man sich aber auch auf diese kleinen Dinge gefasst machen, denn wenn man, wie Naaman, nur auf die Pauken, Trompeten und Fanfaren wartet, kann es passieren, dass man das Wesentliche übersieht.
Das Wesentliche ist in unserem Fall Jesus Christus. Und weil er auf diese Welt gekommen ist, dürfen wir mit ihm rechnen. Womöglich nicht im Triumphzug ,aber dann doch unvermittelt, in der Person, die meine Hand hält. Ob im Krankenhaus oder sonst wo. Die stillen Gesten und die kleinen Dinge sind es doch, die unser Leben bereichern. Wie viel mehr ist es dann der Gekreuzigte, der unser Leben reich macht!!! Der Gekreuzigte, in seinem fast schon unstatthaften Understatement.

Der Slogan „Just do it!" einer großen Turnschuhfirma ist der bekannteste Slogan, der je von Menschen ersonnen wurde.
Und er könnte auch der Titel unseres Films sein: „Just do it, Naaman!"
Naaman wartet auf das große Zeichen - das kommt aber nicht immer.
Just do it, Naaman! Tu' s einfach!
Tun Sie' s einfach! Glaubt an das Große im Kleinen. Denn nichts anderes ist es, was uns vor nun beinahe 2009 Jahren widerfahren ist.
Und der Friede Gottes, der höher ist als alle unsere Vernunft und nicht mit dem Geld eines aramäischen Hauptmannes zu kaufen ist, bewahre unsere Herzen und Sinne in Jesus Christus, dem unscheinbaren, aber doch großen Zeichen Gottes. AMEN!

Die Vergangenheitsform der Hoffnung

Liebe Schwestern und Brüder!
Der Predigttext für den heutigen Sonntag steht im Römerbrief und dort im 6. Kapitel. Ich lese die Verse 19-23.

6,19 Ich muss menschlich davon reden um der Schwachheit eures Fleisches willen: Wie ihr eure Glieder hingegeben hattet an den Dienst der Unreinheit und Ungerechtigkeit zu immer neuer Ungerechtigkeit, so gebt nun eure Glieder hin an den Dienst der Gerechtigkeit, dass sie heilig werden.
6,20 Denn als ihr Knechte der Sünde wart, da wart ihr frei von der Gerechtigkeit.
6,21 Was hattet ihr nun damals für Frucht? Solche, deren ihr euch jetzt schämt; denn das Ende derselben ist der Tod.
6,22 Nun aber, da ihr von der Sünde frei und Gottes Knechte geworden seid, habt ihr darin eure Frucht, dass ihr heilig werdet; das Ende aber ist das ewige Leben.
6,23 Denn der Sünde Sold ist der Tod; die Gabe Gottes aber ist das ewige Leben in Christus Jesus, unserm Herrn.

Den größten Teil seiner Sätze hat Paulus hier in der Vergangenheitsform geschrieben. Und, liebe Gemeinde, das macht auch Sinn. Denn Paulus, und darum hat Luther auch so übersetzt, weiß ja um das Neue, das uns geschehen ist in Jesus Christus.

Der Sünde Sold ist der Tod, die Gabe Gottes aber ist das ewige Leben und ich muss menschlich davon reden um der Schwachheit eures Fleisches willen. Mit diesen Sätzen möchte ich gerne beginnen. Denn sie sind die Schlüsselstellen. Allerdings ist es für unsere modernen Ohren schwierig, das Wort Sünde zu füllen. Sünde ist Schokolade. Und neuerdings können sie alle sieben Sünden auch im Tiefkühlregal kaufen und nachher als sündiges Eis lecken.

Sünde ist aber nicht mit Hilfe von Eis zu erklären, sondern besser mit dem Hinweis darauf, dass Sünde die Abkehr von Beziehungen ist. Wir

Menschen sind Beziehungswesen und innerlich auch darauf angelegt. Wir stehen in vielfältigen Beziehungen, sei es nun zu unseren Familien und Freunden oder eben in Beziehung zu Gott. Diese Beziehungen können leiden. Durch falsches Verhalten, dadurch dass man einander absichtlich Schaden zufügt. Dadurch, dass man andere Menschen klein hält. Ein gutes Beispiel für diese Art der falschen Beziehung in unserer Welt ist Guantanamo Bay. Aber das ist eine andere Geschichte.

Sünde bedeutet also, das Richtige zu verkehren. Sünde bedeutet also, das Oben und Unten umzudrehen, es aufzuheben. Woher wissen wir was richtig ist? Woher wissen wir von einem Oben und einem Unten und was von beiden wo sein soll?
Eine Verständnishilfe dafür ist der heutige Predigttext. Aber es gibt auch plastischere Bilder, die uns zeigen, wo wir uns in unseren Beziehungen schaden. Auch selbst schaden. **Ich muss menschlich davon reden.** Also dann!

Wer hier in der Kirche so ungefähr mein Alter hat oder auch etwas jünger ist, der oder die kann sich vielleicht noch an eine sehr gelungene Werbekampagne der Firma Body Shop erinnern.
Auf vielen in fast allen deutschen Städten verteilten Postkarten konnte man eine mollige Plastikpuppe sehen.
Wie auch immer. Die mollige Puppe ist nicht angezogen. Die Pose ist lässig und das ganze Setting will natürlich sein. So wie du bist, bist du okay. Auch wenn es der alte Sponti-Spruch ist. Es ist die Wahrheit: Du bist okay, so wie du bist. Dazu kommt: Unter der molligen, sich räkelnden Plastikpuppe steht der Spruch:
„Es gibt drei Milliarden Frauen auf dieser Welt, die nicht wie Supermodels aussehen, und nur acht, die so aussehen wie."
Wie wahr. Was passiert mit unseren Kindern, was passiert mit unseren Teenagern, wenn sie beständig unter den Druck geraten, dass sie sich denken, wenn ich nicht so und so aussehe, dann bekomme ich keinen Freund oder keine Freundin, dann habe ich überhaupt keine Freunde, dann ist alles irgendwie blöd. Und ich bin erst recht blöd, weil ich nicht aussehe wie Tyra Banks oder Heidi Klum oder was weiß ich wie wer.

Jetzt sieht man nun mal nicht so aus wie eines der acht Supermodells - was dann? Im Übrigen sind auch reife Frauen oder Erwachsene nicht vor diesen Tücken der modernen Gesellschaft gefeit. Die Kosmetikmittelfirma Dove, versucht auf diesem Gebiet Frauen mittleren Alters davon zu überzeugen, dass Falten durchaus sexy sein können. Also: Hände weg von Botox.

Wenn man aber nicht so aussieht wie ein Supermodell und gerade pubertiert und man denkt, ach ich bin zu dick, ja was passiert dann? Viele werden wahrscheinlich versuchen abzunehmen. Und vielleicht dabei Schaden nehmen. Ein Blick ins Internet und dort in verschiedene Foren verrät uns nämlich, dass viele junge Menschen, Frauen und Männer, sofern sie einmal in diesen Sog geraten sind und dem augenscheinlichen Druck nicht mehr standhalten können und sich selbst als dick empfinden, Gefahr laufen magersüchtig zu werden.

Diese Menschen hungern, um schön zu sein. Und merken gar nicht, dass sie am Ende ihre geschenkte Schönheit verlieren anstatt sie zu erhöhen. Und diese Menschen brauchen Hilfe. Nicht zuletzt fehlt es wahrscheinlich auch an Selbstvertrauen, aber es fehlt ganz sicher auch an Zuspruch. Und es fehlt an einer Gesellschaft, die aufhört, dem Schlankheitswahn hinterher zu hecheln und aufhört, Menschen so ändern zu wollen, dass sie in ein allgemein anerkanntes und gewolltes Bild passen.
Gehen wir davon aus, dass ich meinen Nächsten lieben soll, wie mich selbst, dann liegt es wohl auch an uns andere erst mal dazu zu befähigen, sich selber lieben zu können, bevor sie auf andere zugehen können.

Dem Schlankheitswahn zu folgen und sich schlecht zu fühlen, weil man ein Eis gegessen hat, das muss man unterbinden. Liebe ist dafür ein ganz guter Anfang und ein ganz gutes Mittel. Alles andere ein Desaster.

(Pause)

Hier habe ich einen 20 Euro Schein. Vielleicht kennen Sie und Ihr den Spruch. Ganz oft wird er von Leuten benutzt, die ihr Geld an der Börse handeln oder ein Unternehmen führen oder schlicht weg bei einer Bank arbeiten. Diese Menschen sagen oft: Geld arbeitet! Wollen wir mal sehen, ob diese Aussage stimmt. Der Schein liegt ja hier vorne und am Ende meiner Ausführungen schauen wir mal, was das Geld da unten zustande gebracht hat.

Geld arbeitet! Ist das wirklich so, dass Geld arbeiten kann? Oder stehen hinter den Produkten in unseren Supermärkten und Discountern nicht eher Menschen, die irgendwo am anderen Ende der Welt, unter oft ziemlich bescheidenen Bedingungen, Waren produzieren für ein Gehalt, für das viele von uns hier im Raum sich nicht einmal von ihrem Platz erheben würden.
Es liegt an diesen unwürdigen Gehältern, dass wir in ein Geschäft gehen können und einen Fußball für unter 50 Euro kaufen können oder einen Pullover für umgerechnet 5 Euro. Dass daran etwas faul ist, muss jedem und jeder klar sein, wenn er oder sie sich diesem Schnäppchen hingibt.
Was ist das aber für ein Skandal, wenn die Gesellschaft mich zwingt, diese Ware zu kaufen, weil zu mehr das Geld nicht reicht?!?

Und jetzt stellt sich jemand hin und sagt, Geld arbeitet. Ich denke, eine zynischere Aussage als diese kann es nicht geben, denn mit diesem Satz wird einfach übergangen, unter welch schlimmen und unwürdigen Bedingungen viele Menschen arbeiten müssen, um nur ein bisschen verdienen zu können.
Und zum Beweis: Der 20 Euro Schein hat in dieser Zeit nichts, aber auch gar nichts geleistet. Er hat keine Straße gebaut, noch hat er die Kirche geputzt. Er hat sich auch nicht verdoppelt. Es ist immer noch der gleiche langweilige 20 Euro Schein, der er vorher war. Wer also dem Geld anhängt und dabei vergisst, wer und was dahinter steht, wer also den Menschen hinter der Arbeit vergisst, der sollte noch einmal Paulus lesen.

(Pause)

Juni 2007. In Halberstadt, dem Tor zum Harz, ist der letzte Vorhang für die Rocky Horror Picture Show gefallen. Die Schauspielergruppe will feiern

gehen. In ihren Kostümen. Genau diese Idee wird ihnen zum Verhängnis. Eine Gruppe rechter Schläger hält die Schauspielerinnen und Schauspieler für Linksorientierte. Am Ende werden 14 Menschen verletzt – unter Zeugen. Niemand greift ein. Schließlich nimmt die Polizei die Opfer ins Verhör. In der allgemeinen Verwirrung können die Schläger flüchten.
Die Sünde in diesem Fall, die eigentliche Sünde in der Welt, liegt vielfältig vor uns. Zuerst einmal ist die Gewalt gegen andere eine Sünde. Dazu hat Gott uns nicht bestimmt. Hier sind nicht Juden noch Griechen, weder Sklaven noch Freie, weder Mann noch Frau, denn wir sind alle eins in Christus, heißt es im Galaterbrief.

Im Falle des Schönheitswahns schreiben uns die Evangelisten ein Jesus-Wort ins Stammbuch: Liebe deinen Nächsten wie dich selbst. Mit der Betonung auf wie dich selbst.(Mk 12, 31). Wenn wir es nicht schaffen, unsere Mitmenschen auch für sich selbst zu begeistern, dann wird es noch schwieriger hier auf Erden.
Und über Gewinnsucht und zu fette Managergehälter steht auch was in der Bibel. Sammle keine Schätze auf Erden, wo Motten und Rost diese zerstören werden. Denn da, wo dein Herz dran hängt, da ist auch dein Schatz. (Mt 6,19.21). Reichtum ist nicht verwerflich, verwerflich ist es nur, seine Mitmenschen dabei zu vergessen.

Es ist dir gesagt Mensch, was gut ist. Das steht schon im Alten Testament und ist doch so modern wie der Paulus-Text. Er spricht zwar in der Vergangenheitsform zu uns, aber das kann ja wohl nur als Ausdruck der ewigen Hoffnung des Paulus auf Besserung verstanden werden.
Wenn wir wissen, wie heiß die Herdplatte ist, dann fassen wir nicht mehr drauf. Warum aber leben wir immer noch in schädlichen Beziehungen? Gegen uns und mit anderen? Das Angebot zum Neuanfang für uns ist lange gemacht. Das ewige Leben ist versprochen. Der Beweis hängt vor Ihnen.
Lassen wir Paulus nicht im Regen stehen, sondern lassen seine Vergangenheitsform der Hoffnung wahr werden. AMEN!

Bewerbung Christi

Philipper 2, 5-11

2,5 Seid so unter euch gesinnt, wie es auch der Gemeinschaft in Christus Jesus entspricht:

2,6 Er, der in göttlicher Gestalt war, hielt es nicht für einen Raub, Gott gleich zu sein,

2,7 sondern entäußerte sich selbst und nahm Knechtsgestalt an, ward den Menschen gleich und der Erscheinung nach als Mensch erkannt.

2,8 Er erniedrigte sich selbst und war gehorsam bis zum Tode, ja zum Tode am Kreuz.

2,9 Darum hat ihn auch Gott erhöht und hat ihm den Namen gegeben, der über alle Namen ist,

2,10 dass in dem Namen Jesu sich beugen sollen aller derer Knie, die im Himmel und auf Erden und unter der Erde sind,

2,11 und alle Zungen bekennen sollen, dass Jesus Christus der Herr ist, zur Ehre Gottes, des Vaters.

Wer von Ihnen sich schon einmal auf eine Stelle beworben hat, der weiß, wie schwer mitunter ein solches Bewerbungsgespräch verlaufen kann. Im Vorfeld des Gesprächs hat man sich - hoffentlich - gut vorbereitet, man hat sich über das Unternehmen, für das man in naher Zukunft arbeiten möchte, umfangreich informiert und man hat zuvor eine Bewerbung geschrieben und wohl auch voller Erwartung abgeschickt.

Schließlich ist der große Tag gekommen, die Post hat eine Einladung des von Ihnen ausgewählten Unternehmens in Ihren Briefkasten geworfen und Sie sind eingeladen zum Bewerbungsgespräch. Voller Freude gehen Sie an diesem Tag los und beginnen mit dem Personalchef ein Gespräch.

Liebe Gemeinde,
immer häufiger kommt es einem unter die Augen: Manager oder eben auch Personalchefs wünschen sich Bewerber mit Brüchen im Lebenslauf. So sagt es auch Florian Langenscheidt in einem Interview mit dem Handelsblatt.

„Ich schätze Leute mit Brüchen in ihrer Biographie. [...] Brüche im Leben sind sehr wichtig, um persönlich zu reifen. Wenn ich Leute für leitende Positionen auswähle, achte ich auf solche Dinge. Sie machen Menschen am Ende stärker. Auf Chefpositionen braucht man keine Schönwetter-Kapitäne."

So sieht die Wirklichkeit aus: Schönwetter-Kapitäne braucht man nicht in Führungspositionen. Auch der Predigttext für diesen Sonntag spricht nicht von einem Schönwetter-Kapitän, sondern von dem einen Sohn Gottes, der sich selbst nicht zu schade war, hier auf Erden so zu werden wie wir.

Nun! Ein wichtiger Teil unseres Lebens ist die Erfahrung, dass man scheitern kann. Es ist wichtig, dass man scheitert, denn nur so erkennt man seine eigenen Grenzen und erfährt etwas über seine eigenen Fähigkeiten. Viel zu oft wird aber das Scheitern verdrängt. Man redet es schön. Eine Pleite im Lebenslauf, eine Enttäuschung, das will doch keiner so gerne zugeben. Macht es einen doch angreifbar und lässt das eigene Licht vermeintlich etwas weniger hell strahlen.

Jesus hingegen schafft einen Raum für solche Brüche im Lebenslauf, die man keinem erzählen mag, denn er **entäußerte sich selbst und nahm Knechtsgestalt an.** Gott wird Mensch und indem er Mensch wird, übernimmt er auch alle unsere Schwächen, Ängste und unsere Fehler.

Liebe Festgemeinde!
Wenn wir davon ausgehen, dass Jesus Christus wahrer Mensch und wahrer Gott ist, dann erschließt sich uns aus dieser Tatsache ein ganz wichtiger Punkt in seiner Biographie, ja, erst dann erschließt sich uns diese unglaubliche Großtat Gottes an uns.
An dieser Stelle möchte ich mich direkt an Sie wenden, liebe Goldkonfirmanden:

Sie haben nun einen langen Weg mit Gott zurückgelegt und sicher haben Sie Erfahrungen des Gelingens und Erfahrungen des Scheiterns gemacht.

Sicher haben Sie die Vielgestaltigkeit der Welt auf unterschiedliche Weise erfahren und eine Ahnung davon bekommen, was es heißt, dass Gott mit uns ist.

Hoffentlich haben Sie dabei auch erfahren, dass wir es nicht mit einem fernen, bloß beobachtenden Gott zu tun haben, der im schlimmsten Fall mehr oder weniger amüsiert unserem Treiben hier unten zusieht.

Denn gerade hier greift der heutige Predigttext ein. Gott streift unser Leben nicht nur, er erlebt es mit. Das, was in der Gestalt Jesu Christi passiert, ist weit mehr als eine Bestandsaufnahme oder eine geschönte Bewerbung Gottes adressiert an uns.

Das was in Jesus Christus geschieht, der Gang ans Kreuz, die Bereitschaft, als wahrer Gott und wahrer Mensch ein Diener an den Menschen zu werden, ist eine außerordentliche Unglaublichkeit. Ein Bruch. **Gott kommt auf die Erde und wird Mensch.**

Und in diesem Bruch liegt ein Angebot, mehr noch ein Versprechen: Alles was uns bedrückt, belastet, beschwert, ist Gott fortan vertraut, bekannt. Es ist ihm nicht verborgen, denn **er erniedrigte sich selbst und war gehorsam bis zum Tode, ja zum Tode am Kreuz. Darum hat ihn auch Gott erhöht.**

Hier ist der Bruch in der Bewerbung Christi deutlich. Erniedrigung und Erhöhung. Das liegt in Jesus Christus ganz nahe beieinander. Das liegt auch in unserem Leben immer ganz nah beieinander. Und es ist keine Schande, wenn dem so ist. Es gibt keinen geraden Lebensweg. Wir kommen an Weggabelunen vorbei. Wir stehen an Kreuzungen und wissen nicht immer auf Anhieb, welchen Weg wir einschlagen sollen.

Es ist möglich, dass wir den falschen Weg wählen, es ist möglich, dass wir orientierungslos sind. Es ist möglich, dass wir Leid erfahren und traurig sind.

Und der Philipperhymnus stellt in diesem Zusammenhang klar: Ich kenne das! Mir ist das bewusst. Denn Gott nutzt nicht sein Gottprivileg. Er bleibt nicht oben im Himmel. Er bricht mit den alten Gottregeln der Vorzeit und verlässt seinen Thron und steigt hinab auf die Erde um uns nahe zu sein und wohl auch, um uns besser verstehen zu können.

Florian Langenscheidt hatte es am Anfang schon gesagt: Es geht nicht um Schönwetter-Kapitäne auf der Brücke.
Nun, wir Christen haben mitnichten einen solchen. Vielmehr haben wir einen Gott, der mit uns auf der Brücke steht, neben uns, hinter uns und vor uns. Wir müssen also auch nicht unsere Brüche verstecken und unsere ungeraden Lebenswege gerade machen.

Mit treffenden Worten von Franz Joseph Schierse möchte ich schließen:
„Vielleicht dämmert es uns, was es heißt, christlich an Gott zu glauben: Nicht die Existenz eines höheren Wesens, einer über der Schöpfung thronenden Macht für wahrscheinlich zu halten und sich – notfalls – an sie bittend, dankend, lobend und preisend zu wenden, sondern sich in Gehorsam und Protest zur ohnmächtigen, erniedrigten und gemordeten Kreatur zu bekennen, weil auch Gott keinen anderen Weg weiß, um seine Gottheit zu dokumentieren, als den seiner gekreuzigten Gottheit!"

Und der Friede Gottes, der höher ist als alle unsere Vernunft, bewahre unsere Herzen und Sinne in Jesus Christus. AMEN!

Corporate Identity

Liebe Gemeinde,

„**Corporate Identity** (auch **Unternehmensidentität**) ist der abgestimmte Einsatz von Verhalten, Kommunikation und Erscheinungsbild nach innen und außen. Basis dafür ist das Unternehmensleitbild, welches durch die Corporate Identity mit Leben gefüllt wird. Ziel der Corporate Identity ist eine nachhaltige Unternehmensentwicklung. Die CI ist also die Persönlichkeit einer Organisation, die als einheitlicher Akteur handelt und wahrgenommen wird."

So beschreibt das Online-Lexikon Wikipedia das, was der Bayerische Erzbischof Marx gerade bei der CDU sucht und am und im Christentum fest macht bzw. verankert. Die CDU, so der Erzbischof im vorletzten Spiegel, habe ein Problem, wenn sie zwar das C – für christlich – im Namen trage, aber letztlich einer Art „Turbokapitalismus" auf den Leim gegangen ist und darüber hinaus Steuerentlastungen anstrebe, die nur den besser gestellten Menschen im Land dienten. Das Christentum, so der Erzbischof weiter, und insbesondere die christliche Lehre sei damit nicht vereinbar.

Liebe Gemeinde,
da ist es also - das christliche Leitbild. Nach der Debatte um Leuchtfeuer und dem schönfärberischen Gerede über Pfarrstellenanpassung nun endlich mal wieder ein klares Wort darüber, was Christentum eigentlich wirklich ist und was nicht: Wir sind nämlich nicht Inhaber einer Ramschbude, wo alles früher oder später billig zu haben ist. Wie könnte die Gnade auch je billig sein?

Und was der Erzbischof von München da alles ins Feld führt, ist eine wohlklingende Antwort auf all die furchtbaren und fruchtlosen Diskussionen der letzten Zeit. Endlich einmal geht es nicht darum, wie Kirche einmal sein sollte, sondern wie Kirche ist und was Kirche ausmacht.

Und, liebe Gemeinde, hinzu kommt, dass das Christentum, welches die Kirche bevölkert, nicht beliebig ist. Das Christentum ist mitnichten nur ein

Aushängeschild, welches je nach Saison oder gerade vorherrschender Meinung die Farbe wechselt oder das Fähnchen anders dreht. Das Christentum folgt Prinzipien und hat eine Corporate Identity, die nicht beliebig sein *kann*, denn sonst würde der hohe Wiedererkennunsgwert, das Unverwechselbare, verloren gehen und damit auch die Glaubwürdigkeit und schließlich auch die Unterstützer und am Ende die Mitglieder.

Dass es jetzt in dem Interview von Erzbischof Marx die CDU trifft, ist Pech. Es hätte genauso die CSU sein können, der Erzbischof hätte auch gut die SPD oder die FDP sezieren können. Aber andererseits tragen die ja schließlich auch kein C im Namen.

Wie auch immer. Corporate Identity heißt das Stichwort und diese ist so wichtig, dass viele Unternehmen auf dieser Welt viel Geld dafür ausgeben, überhaupt erst einmal so etwas wie eine Identität zu erlangen. Darum kann es sogar sein, dass uns vielleicht ein paar Firmen um unsere beneiden.

Hauptmerkmale einer besonders guten Unternehmensidentität sind zum einen der hohe Wiedererkennungswert einer Gruppe, der Wunsch dazu gehören zu wollen, und die Bereitschaft sich in diese Gruppe einzubringen, um ein Teil dessen zu werden.

Es wird nicht verwundern, wenn ich Ihnen nun erzähle, dass eine der ersten Werbeanzeigen dieser Art, die genau diese Merkmale aufnimmt, bereits Paulus verfasst hatte. In seinem Brief an die Gemeinde in Korinth hatte er starke Bilder dafür gefunden, wie es ist und was es heißt, ein Christ zu sein.

9,24 Wisst ihr nicht, dass die, die in der Kampfbahn laufen, die laufen alle, aber einer empfängt den Siegespreis? Lauft so, dass ihr ihn erlangt.

9,25 Jeder aber, der kämpft, enthält sich aller Dinge; jene nun, damit sie einen vergänglichen Kranz empfangen, wir aber einen unvergänglichen.
9,26 Ich aber laufe nicht wie aufs Ungewisse; ich kämpfe mit der Faust, nicht wie einer, der in die Luft schlägt,
9,27 sondern ich bezwinge meinen Leib und zähme ihn, damit ich nicht andern predige und selbst verwerflich werde.

Liebe Gemeinde,
sicher: Wir sind in einem Olympischen Jahr, zumindest was die Winterwelt angeht, und in diese Zeit passt so ein Text rein, wie die Faust aufs Auge. Aber was hat der Wettkampf mit der Gnade zu tun? Hatte nicht Paulus schon an anderer Stelle auf den unverdienten Charakter der göttlichen Gnade hingewiesen? Wir haben auf die Gnade Gottes keinen Anspruch, nicht durch überragende Leistungen und schon gar nicht, weil wir gute Taten tun. Die Gnade wird uns darum zuteil, weil der liebe Gott ein guter Kerl ist und menschenfreundlich noch dazu, so sagt es Paulus.

Und jetzt das!
Wisst ihr nicht, dass die, die in der Kampfbahn laufen, die laufen alle, aber einer empfängt den Siegespreis? Lauft so, dass ihr ihn erlangt.
Ist das nur ein Kunstgriff der paulinischen Theologie, um wenigstens ein bisschen Wettbewerb in das Christentum zu bringen, oder versucht Paulus auf einen Umstand hinzuweisen, der uns als Kirche im 21. Jahrhundert schon so in Fleisch und Blut über- und eingegangen ist, dass wir es gar nicht mehr merken?

Liebe Schwestern und Brüder, liebe Freundinnen und Freunde in Christus, ich möchte euren Blick auf einen besonderen Kniff des Paulus lenken. Auf den ersten Blick geht es ihm um so etwas wie die Olympischen Spiele, aber bei genauerem Hinsehen karikiert er das, was dort geschieht. Denn Paulus hebelt den Wettkampfgedanken aus und das gelingt ihm, weil er an einer neuralgischen Stelle zuschlägt, und das im wahrsten Sinne des Wortes.

Ich aber laufe nicht ziellos; ich kämpfe mit der Faust, dass ich treffe und nicht wie einer, der in die Luft schlägt.

Und Paulus beschreibt auch ganz genau, wen er da trifft: Sich selber.

Ich bezwinge meinen Leib und zähme ihn, damit ich nicht andern predige und selbst verwerflich werde.

Der Apostel prügelt sich also nicht mit jemand anderem, sondern mit sich selbst. Reflexartig mag da die Frage auftauchen, warum er das tut.

Paulus will einfach selber ein gutes Beispiel abgeben. Immerhin spornt er vehement an und fragt uns, ob wir nicht wüssten**, dass die, die in der Kampfbahn laufen, die laufen alle, aber einer empfängt den Siegespreis? Lauft so, dass ihr ihn erlangt.**

Sollte er da zurück stehen und uns die ganze Arbeit alleine machen lassen? Das entspräche nicht dem Bild, das wir von Paulus haben sollen. Er, der immer vorneweg geht, auf Lohn verzichtet und auch sonst gerne darüber spricht, welche Qualen er bereits ausgehalten hat, so einer wird wohl nicht zurückziehen, wenn es darum geht, die Kirche in Stellung zu bringen.

Denn es geht gar nicht um den Wettkampf einer gegen den anderen, es geht auch nicht darum, durch besondere Leistungen aufzufallen. **Jeder aber, der kämpft, enthält sich aller Dinge; jene nun, damit sie einen vergänglichen Kranz empfangen, wir aber einen unvergänglichen,** schreibt Paulus. Christen versuchen also auch nicht alles um zu gewinnen, sie enthalten sich solcher Dinge. Es geht nicht um einen irdischen Sieg im Sinne von Medaillen, Ansehen und gut bezahlten Werbeverträgen. Es geht aber insofern um irdische Dinge, als dass wir versuchen sollen, möglichst viele mit auf die Bahn zu holen und so vom Evangelium zu überzeugen, damit diese mit uns laufen.

An dieser Stelle kommt nun noch einmal die Idee der Corporate Identity ins Spiel. Wie gewinnen wir denn diese Mitläufer im besten Sinne des Wortes?

Das, liebe Gemeinde, wird uns wohl nicht gelingen, wenn wir das, was Kirche ist und ausmacht, schlichtweg verschleudern. Bei Bonhoeffer bedeutet das, nicht die Sünde schön zu reden, wohl aber den Sünder zu rechtfertigen.

Und mehr noch: Wenn in einer großen Samstagabendshow ein Kandidat wegen eines deutlich sichtbaren Mankos vor Millionen Zuschauern der Lächerlichkeit preisgegeben wird, dann verstößt dieses Verhalten gegen das achte Gebot: **Du sollst nicht falsch Zeugnis reden wider deinen Nächsten**, **sondern** – so führt Luther es aus – **ihn entschuldigen, Gutes von ihm reden und alles zum Besten kehren.**

Wer glaubt, dass man an solchen Stellen auch mal eine Auge zudrücken kann, verkennt die Situation. Es gibt in diesem Zusammenhang keine Kavaliersdelikte. Alles andere wäre **billige Gnade**, die zwar jedem hilft, aber unser Ziel verunglimpft!

Unser gemeinsames Ziel heißt Jesus Christus. Aber dieses Ziel darf nicht verzweckt werden. Auch Paulus sieht das so: **Jeder aber, der kämpft, enthält sich aller Dinge.** Es kann also nicht heißen, dass wir dieses Ziel um jeden Preis erringen oder dass wir dabei auf einige Dinge verzichten könnten. Das Ziel ist klar, der Weg genauso. Es gibt also keine Not, falsche Kompromisse einzugehen.

Ein gutes Beispiel dafür, was es bedeutet, dieses Ziel, den Weg und die Botschaft aus den Augen zu verlieren, wäre es tatsächlich, wenn wir eine Sache absegnen würden, die viele ins Unglück stürzt, aber nur wenigen hilft. Wenn Jesus Christus also eine Relevanz haben soll, dann kann es uns nicht darum gehen, uns anzubiedern oder um jeden Preis zeitgemäß sein zu wollen.

Wir würden unsere Daseinsberechtigung verspielen, wenn wir uns aufführen würden, als wären wir prinzipienlos.

Unser Prinzip, unsere Corporate Identity, beruht auf Jesus Christus. Es ist seine Botschaft, an der wir uns ausrichten, nicht die Trends der Zeit. Das ist unsere Stärke, das ist unsere Substanz, das ist unser Fundament.

AMEN!

Erntedank 2005

Liebe Gemeinde!

Warum muss gerade der heutige Predigttext am Erntedankfest gepredigt werden? Diese Frage ist berechtigt, denn gerade heute geht es doch um den Dank für die Ernte. Es geht ja heute, wie jemand sagte, wirklich um das irdische Brot und da knallt dieser Text mitten rein. Schließlich handelt der Text vom Tod und führt uns sogleich vor Augen, wie sinnlos scheinbar irdischer Besitz ist. Dieser Text macht an einem Tag wie heute wahrlich keinen Spaß.

Gut! Fangen wir anders an!

Sie alle kennen Dagobert Duck. Den Onkel von Donald Duck, der in seinem Geldspeicher in seine Taler eintaucht wie andere Menschen in die Fluten eines Freibades. Dieser Enterich und sein Verhalten, sein Geiz und sein sehr egoistisches Verhalten, lösten bei mir immer zwiespältige Gefühle aus.

Meine Sympathien galten Donald. Er tat mir immer Leid. Er hatte nie Geld, war immer pleite und hatte obendrein auch noch Pech.

Da hätte ihm sein Onkel doch gerne mal ein paar Taler abgeben können, um ihm ein paar Sorgen zu nehmen.

Hat er aber nie gemacht. Immer musste Donald für Dagobert Duck die niedersten Dienste verrichten und bekam dann nicht mal einen anständigen Lohnausgleich dafür. Im Gegenteil: Oft wurde Donald in diesen Situationen auf den Wert harter körperlicher Arbeit verwiesen, die ihn schon noch zum Sieger formen würde?

An dieses Bild denke ich, wenn ich den reichen Kornbauern vor mir sehe. Ein Mann, der alles hat und jetzt noch mehr will. Allerdings, so scheint es im Text, ohne Bezug zur Gesellschaft.

Zumindest ist es dieses, was ich in den Text hineinlesen möchte. Denn Geld zu haben und Geld zu verdienen, ist keine Schande. Schließlich arbeite ich auch nicht nur für ein nettes Wort, sondern sehe am Monatsende, dass meine Arbeit auch finanziell entlohnt wird.

Das sieht auch der reiche Kornbauer, als er nach getaner Arbeit auf seine vollen Scheunen schaut: Er hat alles erreicht und sieht nun, dass er so viel hat, dass er bis zum Ende seines Lebens nichts mehr tun braucht. Er muss bloß noch größere Speicher bauen und dann ist sein Lebenswerk erfüllt: Keine Sorgen mehr.

Ein herrlicher Gedanke,
den wir als Christen leider nicht uneingeschränkt mitdenken können. Denn es gibt die Verpflichtung gegenüber der Allgemeinheit: Wer hat, der ist aufgefordert zu geben.
Diesen Gedanken spricht der Kornbauer nicht aus. Er denkt ihn auch nicht. Er sieht seine materielle Absicherung ohne den Blick auf die Allgemeinheit.

Im Zuge der Aufklärung, vor knapp 300 Jahren, setzte sich jedoch in der christlichen Kirche der Gedanke durch, dass Eigentum verpflichtet. Dieser Satz fand sogar Eingang in das Grundgesetz und ich finde, das ist ein guter Satz. Schiebt er doch einer Anhäufung von Gewinn, der letztlich nicht der Gemeinschaft dient, einen Riegel vor. Aber: Es gibt auch das Recht des Einzelnen auf privates Eigentum (Locke). Dieser Satz stammt aus dem 17.Jahrhundert und ist auch nicht von der Hand zu weisen.
Wie bringe ich diese Sätze nun zusammen? Das Recht auf Eigentum und die Forderung, dass Eigentum verpflichtet.

Diese Fragen kann ich am besten mit der Hilfe Dagobert Ducks, eines marxistischen Rabbis und meines Opa erklären:
Der Rabbi hat in Anlehnung an Lukas 12 folgendes formuliert:
Der reiche Kornbauer verliert seinen Seinsgrund in Gott, weil er sich auf seinem Gewinn ausruht. Er lässt sein Leben *ruhen* auf seinem Besitz. In den Augen des Rabbis verwechselt der reiche Kornbauer damit den Frieden Gottes mit materiellem Gewinn: Er gründet sein Leben auf Vergängliches und verliert damit Gott.
Oder anders gesagt: Das Motto des reichen Kornbauern könnte lauten: Ich bin reich! Gott liebt mich.
Dabei denkt der Kornbauer aber nicht weiter als bis zu seinen Kornspeichern. Der Rabbi sieht also in der Anhäufung des vielen Getreides

letztlich eine Abkehr von Gott, denn der Bauer vergisst zu Danken und so vernachlässigt er seine Verpflichtung gegenüber der Gemeinschaft.

Dagobert Duck lehrt uns, dass es bestimmt unheimlich viel Spaß macht in Geld zu baden und es zusammenzuhalten, aber am Ende kommt doch immer wieder einer, der ihn daran erinnert, dass er gegenüber seiner Umwelt eine Verpflichtung hat. Oft tritt dieses Gewissen in Form von Tick, Trick und Track auf. Häufiger aber in Form von Oma Duck.
Nach einem Gespräch mit ihr zahlt Dagobert Duck dann schon mal die Schulden seines Neffen Donald oder stellt wieder Leute ein und erinnert sich so seiner Verantwortung.

Weiterhin schließt der Text über den reichen Kornbauern mit der Ankündigung Gottes, dass dieser noch in dieser Nacht sterben wird. An dieser Stelle kommt **mein Opa** ins Spiel. Wenn er mir ein paar Euro zusteckt, dann nie ohne den Hinweis, dass man lieber von der warmen Hand empfängt als von einer kalten.
Noch öfter aber sagt er, wenn er mir mit seinen Euros den Tank meines Wagens füllt: Das letzte Hemd hat keine Taschen! Das hat der reiche Kornbauer nicht bedacht!

Denn: Irdisches Besitztum ist für sich nicht schlecht, aber es nimmt uns in eine gesellschaftliche Pflicht. Wer hat, der hat Verantwortung. Eigentum verpflichtet zu mehr als zu größeren Speichern.
AMEN!

Bodenlose Hoffnung – Karfreitag 2011

[33] Und als sie kamen an die Stätte, die da heißt Schädelstätte, kreuzigten sie ihn dort und die Übeltäter mit ihm, einen zur Rechten und einen zur Linken. [34] Jesus aber sprach: Vater, vergib ihnen; denn sie wissen nicht, was sie tun! Und sie verteilten seine Kleider und warfen das Los darum. [35] Und das Volk stand da und sah zu. Aber die Oberen spotteten und sprachen: Er hat andern geholfen; er helfe sich selber, ist er der Christus, der Auserwählte Gottes. [36] Es verspotteten ihn auch die Soldaten, traten herzu und brachten ihm Essig [37] und sprachen: Bist du der Juden König, so hilf dir selber! [38] Es war aber über ihm auch eine Aufschrift: Dies ist der Juden König. [39] Aber einer der Übeltäter, die am Kreuz hingen, lästerte ihn und sprach: Bist du nicht der Christus? Hilf dir selbst und uns! [40] Da wies ihn der andere zurecht und sprach: Und du fürchtest dich auch nicht vor Gott, der du doch in gleicher Verdammnis bist? [41] Wir sind es zwar mit Recht, denn wir empfangen, was unsre Taten verdienen; dieser aber hat nichts Unrechtes getan. [42] Und er sprach: Jesus, gedenke an mich, wenn du in dein Reich kommst! [43] Und Jesus sprach zu ihm: Wahrlich, ich sage dir: Heute wirst du mit mir im Paradies sein. [44] Und es war schon um die sechste Stunde, und es kam eine Finsternis über das ganze Land bis zur neunten Stunde, [45] und die Sonne verlor ihren Schein, und der Vorhang des Tempels riss mitten entzwei. [46] Und Jesus rief laut: Vater, ich befehle meinen Geist in deine Hände! Und als er das gesagt hatte, verschied er. [47] Als aber der Hauptmann sah, was da geschah, pries er Gott und sprach: Fürwahr, dieser ist ein frommer Mensch gewesen! [48] Und als alles Volk, das dabei war und zuschaute, sah, was da geschah, schlugen sie sich an ihre Brust und kehrten wieder um. [49] Es standen aber alle seine Bekannten von ferne, auch die Frauen, die ihm aus Galiläa nachgefolgt waren, und sahen das alles.

So geht's also zu Ende. Jesus, der Menschensohn, der Sohn Gottes, der, der gesagt hat, er reißt den Tempel ab und baut ihn in drei Tagen wieder auf, dieser Mann hängt jetzt zwischen zwei Verbrechern. Bodenlos. Hoch erhöht über der Erde hängt er. Der sichere Boden unter seinen Füßen ist ihm entzogen. Er schwebt nicht über den Dingen. Ihm ist der Boden entzogen. Er ist gefangen an einem Holzbalken. Hoch erhoben hängt er da über dem Geschehen und schaut runter auf die Menschen, die sich da um ihn herum versammelt haben. Eine bunte Truppe hat sich da versammelt: Familie, Soldaten, Jünger, Schaulustige.

Jesus wird sterben. Gegenwärtig ist seine Lage aussichtlos. Er wird zum Vater gehen. Er wird all das tun, wovon die Lieder, die wir heute singen und in langen sieben Wochen zuvor gesungen haben, berichten. **„Ob es jemals einen Menschen gegeben hat, der so wenig Boden unter den Füßen gehabt hat?"**, fragt Dietrich Bonhoeffer.

Die Antwort folgt auf dem Fuße: Jeden Tag. Jeden Tag hängen Menschen in der Luft. Wissen nicht mehr ein noch aus. Sind wie festgenagelt in ihren Gedanken. Trinken bitteren Essig aus dem Kelch des Leids. Jeden Tag gibt es Menschen, denen die **„im Bereich des Möglichen liegenden Alternativen der Gegenwart gleich unerträglich und lebenswidrig [...] erscheinen."**

Jesus ist dort oben am Kreuz nicht alleine. Neben ihm hängen nicht nur zwei Mörder, zwei Verbrecher. Neben ihm hängt der Mann, der sich aus totaler Verzweiflung vor einen Zug gelegt hat. Oder die vier Kinder, die plötzlich ihre Mutter verloren haben. Bodenlos. Ohne Kontakt zur Erde hängen diese Menschen da. Und sie wissen nicht ein noch aus, aus ganz unterschiedlichen Motiven, aber doch gleich in der Absolutheit der Erfahrung. Unumstößlich und gnadenlos.

Das Leiden hat ihren Horizont bestimmt und das Leiden bestimmt ihren Horizont. Verbunden sind sie darüber hinaus in Christus. Leiden ist ihm nicht fremd. Er weiß, was Verlust bedeutet; er kennt alle menschlichen Regungen. Nichts von dem, was uns Menschen ausmacht, ist ihm fremd. Nicht die Enttäuschung, nicht die Ausweglosigkeit, nicht die Verzweiflung, nicht die Tränen, die wir weinen.

Jesus hängt oben am Kreuz, auf Golgatha, der Schädelstätte. Erhöht auf einem Hügel. Unten, unter dem Kreuz, stehen wir. Und alle Angehörigen mit uns: Jesu Mutter steht dort, ebenso der Lieblingsjünger, wir stehen dort, geschockt und sprachlos gegenüber dem Leid, das sich da vor unseren Augen abspielt. Jesu Schrei ist unser Schrei. Was trennt uns von diesem Mann, der - wie wir - die irdischen Aufgaben und Schwierigkeiten durchschritten hat? Nichts.

Wie erbarmungslos das Leben mitunter ausholt und einen mit voller Wucht treffen kann. Man erlebt es an Sterbebetten, man erlebt es in einem Trauerhaus, man erlebt es in vielen Gesprächen nach Tragödien. Angesichts aller Unsicherheiten und Verluste und fern aller Erlösungsmythen haben wir nicht viel mehr zu sagen als über diesen und mit diesem Mann. **„Mein Gott, mein Gott! Warum hast Du mich verlassen?"** Glücklich der Mensch, der diese Frage nicht stellen, nicht fühlen muss. Getragen der Mensch, der das Echo seiner Frage heute hört.

Jesus aber, der dort am Kreuz hängt, hat immer noch die Kraft zu trösten. Er tröstet nicht nur uns, er tröstet auch den Mörder, er tröstet den Hoffnungslosen, er tröstet die, deren Herz zerbrochen ist. Er tröstet die Weinenden und verspricht denen, die mit ihm auf dem Weg sind: **Wahrlich, ich sage dir: Heute wirst du mit mir im Paradies sein.** Jesus sagt das ungeachtet der Tat. Es interessiert ihn nicht, was du getan hast, denn er ist nur interessiert an dir.

Das Kreuz ist das Symbol für Schwachheit. Und durch Jesus wird es verwandelt. Es wird zum Zeichen für Hoffnung, für Aufrichtung. Das bodenlose Leid wird begrenzt. Der Leidende bekommt festen Boden unter die Füße und steht alsbald auf Worten der Liebe, der Verheißung, der Annahme: **Wahrlich, ich sage dir: Heute wirst du mit mir im Paradies sein.**

Jesu Worte, diese Worte, die die Kraft haben, wieder festen Boden unter die Füße zu geben, und die die Kraft haben, uns wieder zu erden - noch bevor wir wieder den Boden der Tatsachen berühren. Diese Worte funktionieren das Kreuz um. Auch Golgatha ist nicht mehr die Schädelstätte. Denn aus der Niedrigkeit zweier Holzbalken erwächst hier Hoffnung. In all der Not und Trauer lodert eine Flamme, brennt ein Feuer, ein Feuer, das unglaublich viel Kraft hat, das Wärme spendet und dunkle Gedanken verbrennt wie Papier.

An diesem Feuer, an diesen Worten Jesu, entscheidet sich für uns, was Jesu Botschaft für uns sein kann. Am Kreuz verdichtet sich die Hoffnung für die ganze Menschheit. Barmherzigkeit, Liebe, bedingungslose Annahme, das sind die Kohlen, mit denen, durch die das Feuer brennt. Und dessen Wärme bodenlose Hoffnung schenkt.

Wir leben nicht in unseren Kirchen

Liebe Gemeinde,

in jedem Gottesdienst kommt es vor: Am Ende, noch vor dem Vater Unser, bitten wir Gott für andere. Wir halten Fürbitte. Wir bitten für Kranke, für Notleidende oder auch für Menschen, die eine große Aufgabe zu bewältigen haben.

All das ist für uns Christen ganz normal. Die Fürbitte ist ganz selbstverständlich im christlichen Rahmen, denn die Fürbitte ist ein wesentlicher Teil unseres Glaubens. Das Fürbittengebet zeigt uns, dass wir nicht nur auf uns selbst bezogen leben und handeln. In der Fürbitte drückt sich unser Verhalten und unsere Verantwortung gegenüber anderen Menschen und auch gegenüber der Welt aus.

Wir leben ja nun mal mit anderen Menschen zusammen und können also nicht so tun, als sähen wir manche Missstände nicht. Wir leben nicht in unseren Kirchen und Gemeindehäusern. Wir schließen auch nicht die dicken Kirchentüren zu und treffen uns als exklusiver Zirkel. Das genaue Gegenteil ist der Fall. Denn Christen stehen mitten in dieser Welt und sind darum auch für diese Welt mitverantwortlich.

Liebe Gemeinde,

jetzt gibt es in einem Leben immer wieder unterschiedliche Phasen. Mal hat man mehr, mal weniger mit sich zu tun. Manchmal hat man noch genügend Kapazitäten frei und kann sich verstärkt um andere Menschen kümmern, aber manchmal stürzt so vieles auf einen ein, dass man froh ist, wenn man seine eigenen Dinge einigermaßen geregelt bekommt. Das ist aber kein Grund, ein schlechtes Gewissen zu haben. Jeden Sonntag hat das Fürbittengebet seinen Platz im Gottesdienst. Wenn man mal nicht kann, dann kann man sich in diesem Punkt getrost auf andere verlassen. Denn die Fürbitte wird immer gehalten.

Die Fürbitte als deutlich spürbarer Ausdruck christlichen Lebens und Handelns ist noch dazu eine ganz alte Tradition und ist schon im Alten Testament zu finden. Der Predigttext für den heutigen Tag gibt uns ein Beispiel für die Fürbitte.

Es ist die Geschichte um Sodom und Gomorrha, und die drohende Vernichtung der beiden Städte, die Abraham dazu treibt, bei Gott Fürsprache zu halten. Das Schöne an dieser Geschichte ist, dass Gott diese Fürsprache hört. „Im Zweifel für den Angeklagten!" So könnte die Überschrift für den heutigen Predigttext lauten. Ich lese aus dem 1. Buch Mose, aus dem 18. Kapitel die Verse 20-33.

Und der HERR sprach: Es ist ein großes Geschrei über Sodom und Gomorrha, dass ihre Sünden sehr schwer sind. Darum will ich hinab fahren und sehen, ob sie alles getan haben nach dem Geschrei, das vor mich gekommen ist, oder ob's nicht so sei, damit ich's wisse.
Und die Männer wandten ihr Angesicht und gingen nach Sodom. Aber Abraham blieb stehen vor dem HERRN und trat zu ihm und sprach: Willst du denn den Gerechten mit dem Gottlosen umbringen? Es könnten vielleicht fünfzig Gerechte in der Stadt sein; wolltest du die umbringen und dem Ort nicht vergeben um fünfzig Gerechter willen, die darin wären? Das sei ferne von dir, dass du das tust und den Gerechten tötest mit dem Gottlosen. Sollte der Richter aller Welt nicht gerecht richten? Der HERR sprach: Finde ich fünfzig Gerechte zu Sodom in der Stadt, so will ich um ihretwillen dem ganzen Ort vergeben.
Abraham antwortete und sprach: Ach siehe, es könnten vielleicht fünf weniger als fünfzig Gerechte darin sein; wolltest du denn die ganze Stadt verderben um der fünf willen? Er sprach: Finde ich darin fünfundvierzig, so will ich sie nicht verderben.
Und er fuhr fort mit ihm zu reden und sprach: Man könnte vielleicht vierzig darin finden. Er aber sprach: Ich will ihnen nichts tun um der vierzig willen. Abraham sprach: Zürne nicht, Herr, dass ich noch mehr rede. Man könnte vielleicht dreißig darin finden. Er aber sprach: Finde ich dreißig darin, so will ich ihnen nichts tun. Und er sprach: Ach siehe, ich habe mich unterwunden, mit dem Herrn zu reden. Man könnte vielleicht zwanzig darin finden. Er antwortete:

Ich will sie nicht verderben um der zwanzig willen. Und er sprach: Ach, zürne nicht, Herr, dass ich nur noch einmal rede. Man könnte vielleicht zehn darin finden. Er aber sprach: Ich will sie nicht verderben um der zehn willen. Und der HERR ging weg, nachdem er aufgehört hatte, mit Abraham zu reden; und Abraham kehrte wieder um an seinen Ort.

Liebe Gemeinde,
der Predigttext ist ein Plädoyer für eine leidenschaftlich vorgetragene Fürbitte. Denn man mag uns Christen bisweilen vorwerfen, dass wir blutleer und kraftlos sind. Unseren Wurzeln, in diesem Fall Abraham, kann man mangelnde Einsatzbereitschaft sicherlich nicht nachsagen.

Der Erzvater steht vor dem Höchsten, vor Gott, und feilscht mit eben diesem Gott um die Menschen in Sodom und Gomorrha. Ich sage ganz bewusst feilschen, denn dieses Wort beschreibt für mich eine ganz konkrete Handlung. Wer von Ihnen oder von euch schon einmal auf einem orientalischen Basar war, der weiß, dass man dort ganz gehörig feilschen kann. Aber man kann nicht mit sich alleine feilschen. Was man dazu braucht, ist ein Partner, der überhaupt erst mal verhandeln will.
Ein schöner Aspekt an dem heutigen Predigttext ist, dass er uns einen solchen aktiven und verhandlungswilligen Partner mit Gott vorstellt. Gott ist also nicht bloß eine statische Figur, mit der man nicht reden kann, sondern ein zuhörender Gott. Eben einer, mit dem man reden kann.

Und weil Gott ein Gott ist, mit dem man reden kann, lässt er sich auf die Fürbitte Abrahams ein und gewährt ihm jedes Mal aufs Neue seine Bitten.
Sie und ihr habt es gehört: Abraham bittet ja nicht nur ein einziges Mal, sondern er testet, wie weit er gehen kann. Und indem Abraham die Zahl der zu findenden Gerechten auf 10 minimiert, erhöht er die Chancen auf Rettung für alle. Von fünfzig auf zehn. Abraham lässt nicht locker, sondern er setzt nach. Er spürt, dass da mehr drin ist, und am Ende ist er am Ziel.
Er hat Gott darum gebeten, dass wenn er 10 Gerechte in Sodom und Gomorrha finden kann, die Städte um dieser zehn Menschen Willen nicht zerstört werden.

Abraham verhandelt mit Gott. In diesen Tagen verhandeln die mächtigsten und wichtigsten Frauen und Männer mit anderen mächtigen und wichtigen Frauen und Männern und man selber hat nur vage Vermutungen darüber, wie solche Verhandlungen ablaufen. Ab und zu dringt etwas von diesen Verhandlungen nach außen. Der Text um Abraham und Gott kann helfen, etwas Licht in diese unbekannte Zone zu bringen. Denn einer von uns, als diesen möchte ich Abraham sehen, einer aus unserer Mitte, steht plötzlich im Rampenlicht und hat nicht nur mit den Mächtigen zu tun, sondern sogar mit dem Mächtigsten. Was man daran sieht ist, dass es gut ist, beharrlich zu sein. Abraham ist beharrlich und er gibt nicht auf. Von 50 auf 10 steht am Ende seiner Bitte.

Ich kann nicht sagen, ob Abraham Angst hat oder ob er sich unwohl fühlt. Was ich sagen kann, dass er in seiner Fürbitte solidarisch handelt. In diesen Tagen, in den Tagen der Bankenkrise, verhandeln nicht nur wichtige Menschen mit anderen wichtigen Menschen, weil einige Menschen in schicken Anzügen und hohen Häusern Fehler gemacht haben. In diesen Tagen gerät eine ganze Berufsgruppe unter einen Pauschalverdacht. Jeder darf mal drauf hauen auf die Banker; alle haben es jetzt gewusst und in unserer öffentlichen Welt werden stündlich andere Menschen, vorrangig als Schuldige bezeichnet, an den medialen Pranger gestellt.

Wenn wir den Predigttext noch im Ohr haben und beeindruckt sind von der Art und Weise, wie Abraham hier nicht nachgibt, dann sind wir nicht nur beeindruckt von der Vehemenz, sondern – so hoffe ich – doch auch von der sich in diesen Fürbitten widerspiegelnden Solidarität mit den Anderen. Denn wenn nur 10 Gerechte gefunden werden, dann werden doch auch alle Ungerechten mit gerettet. Abraham zeigt Engagement für eine gottlose Gesellschaft; Sodom und Gomorrha sind die Beispiele für das sündige Verhalten schlechthin. Aber Abraham setzt sich für die Gerechten ein und damit auch für die Ungerechten. Wie soll man das auch immer trennen? Simul iustus et peccator, sagt Martin Luther über das Wesen der Christenmenschen. Zugleich Sünder und Gerechtfertigter. Beides in einer Person. Schubladendenken hilft uns nicht weiter. Schwarz und weiß als Maßstab des Richtens steht uns nicht zu. Solidarität ist gefordert.

Abrahams Solidarität mit allen in Sodom und Gomorrha soll uns Beispiel sein in unserem Handeln. Sicher ist es verwerflich, was in den Städten geschieht und geschehen ist. **Es ist ein großes Geschrei über Sodom und Gomorrha, dass ihre Sünden sehr schwer sind.** Aber wenn Abraham die Stadt einfach sich selbst. überlassen würde, was wäre dann gewonnen? Es wäre nichts gewonnen. Aber nur zusehen und nichts tun, das ist nicht christlicher Auftrag. Unsere Aufgabe ist es, dass wir uns einmischen, dass wir aktiv werden und dass wir handeln. Unsere Aufgabe ist es nicht, den nächsten Sündenbock zu finden. Wir sollen im Vertrauen auf Gott, der uns hört, in dieser Welt unser Möglichstes versuchen, um sie zu einem etwas besseren Ort zu machen.
Ein Instrument dafür ist die Fürbitte. Das Beispiel Abraham zeigt uns, dass man viel erreichen kann. Mit Beharrlichkeit und Ausdauer und mit einer guten Portion Solidarität.

Letztlich sieht es ja so aus, liebe Gemeinde, Abraham bittet für alle und weil wir nicht in unseren Kirchen leben, sondern in der Welt, wäre es mehr als verwerflich, wenn wir diese Welt und die Menschen in ihr, egal, ob diese nun Gutmenschen sind oder Millionen verbrennen, (wobei ich nicht weiß, ob man das trennen muss) sich selbst überlassen würden.

Ein besseres Plädoyer für die Fürbitte als diesen Text kann ich nicht finden. Jetzt kommt es auf uns an, diesem Beispiel zu folgen und Fürbitte zu halten. Und wir tun dies in dem Wissen darum, dass auch für uns Fürbitte gehalten wird am Ende aller Zeiten. Denn die 10 Gerechten sind nur der Anfang, am Ende bittet nur noch einer für uns und die Welt. Am Ende wird Jesus Christus der Fürbitter sein.
Und der Friede Gottes, der höher ist als alle unsere Vernunft, bewahre unsere Herzen und Sinne in Jesus Christus. AMEN!

Gebete zu Farbeimern

Liebe Gemeinde,
"Nur Geduld! Mit der Zeit wird aus Gras Milch!" Wie das genau geschieht, das werde ich Ihnen und Euch hier sicherlich nicht erklären müssen. Natürlich geht das nicht so schnell, aber am Ende zählt, was in diesem Fall unten raus kommt.

Alles was man dazu braucht, ist ein wenig **Geduld**. Überhaupt Geduld. Wie war das noch am Heiligabend, wenn man als Kind kaum mehr warten mochte, bis die Geschenke endlich zum auspacken freigegeben wurden? Unerträglich war das. Die Zeit zwischen Nikolaus und dem Weihnachtsfest schien unendlich lang zu sein.

„Du musst schon noch ein bisschen Geduld haben!", sagten meine Eltern dann für gewöhnlich. Ich fand Geduld-haben-zu-müssen damals richtig doof.
Allerdings je älter ich wurde, desto mehr musste ich mich mit dem Gedanken anfreunden, dass es ganz ohne Geduld nicht geht.

Am eindrücklichsten zu vermitteln ist die Notwendigkeit Geduld zu haben sicherlich im Straßenverkehr. Wer schon mal im Stau gestanden hat, bei 36º Grad und praller Sonne, der oder die weiß: Ohne Geduld kann man das nicht lange aushalten. Erst recht, wenn man noch minderjährige Beifahrer hat, die alle Nase lang auf die Toilette müssen. In so einem Fall steigt dann nämlich nicht nur die Temperatur im Autoinnenraum, sondern auch die innere.

Geduld ist schon eine Menge wert in solchen Situationen. Fast genauso wichtig ist aber hier auch das Vertrauen darauf, dass der Stau sich irgendwann wieder auflöst, es zu regnen anfängt oder endlich ein Parkplatz in Sicht kommt, der nicht übervoll mit Autos ist und auch ein WC anbietet.

Damit wäre ich auch schon beim nächsten Punkt angekommen. **Vertrauen**. Vertrauen ist etwas so Elementares, dass falls es einmal enttäuscht wurde, es nur schwer wieder herzustellen ist.

So kann ja das Vertrauen zwischen zwei Ländern aufs Tiefste erschüttert werden und nach Jahrzehnten noch nicht wieder hergestellt sein. Das wichtige Selbstvertrauen kann leiden, wenn man sich Heidi Klum 24 Stunden lang anschaut, wie sie bei McDonalds einen Chicken-Wrap nach dem anderen isst und dabei immer noch freundlich aussieht und dämlich in die Kamera grinst. Man selbst aber bei jedem Geburtstagsbesuch immer nur ein Stück Kuchen isst, aus Angst vor dem Display auf der Körperfettwaage.

Vertrauen in jeder Form kann leider erschüttert werden, wie das Fundament eines Hauses erschüttert werden kann. Nur geht das beim Vertrauen viel leichter.
Allerdings zahlt sich Vertrauen auch aus. Wer vertrauen kann, der hat es gut. Denn Vertrauen ist auch immer die Basis für Hoffnung.
Man denke nur noch mal an den Sommerstau. Wer jetzt nicht darauf vertraut, dass es irgendwie weitergeht oder irgendwo ein Schild steht, der steht dann einfach so auf der dreispurigen Autobahn - ganz ohne Hoffnung. Traurig!

Es fehlt noch ein dritter Begriff, der sich aus den beiden zuerst genannten beinahe zwangsläufig ergibt. Die **Verheißung**. Was wäre das alles hier, wenn es nicht nach dem Stau den Ausblick gäbe auf etwas, das zwar noch in der Zukunft liegt, aber doch sicher geschehen wird. Jedes Schild an der Autobahn, auf dem der Hinweis steht, nächster Rasthof in 5 km, ist so eine Verheißung. Jedes dieser Schilder ist so etwas ist wie ein Gehstock oder ein Rollator. Beides verleiht einem Menschen Standfestigkeit, gerade dann, wenn die Realität einen zum Schwanken bringt oder wenn eigenen Beine nicht mehr so stark sind.

Ein Text, der Rollator, Gehstock, Parkplatzhinweisschild und Hoffnung in einem sein will und kann, ist heute Grundlage für diese Predigt. Ich lese aus dem Brief an die Hebräer, aus dem 10. Kapitel die Verse 35-37.

Darum werft euer Vertrauen nicht weg, welches eine große Belohnung hat. Geduld aber habt ihr nötig, damit ihr den Willen Gottes tut und das Verheißene empfangt. Denn nur noch eine kleine Weile, so wird kommen, der da kommen soll, und wird nicht lange ausbleiben.

Wir befinden uns im Jahre 2008. Die Welt hat sich lange weiter gedreht und - so wie ich das sehe - nicht immer richtig die Kurve gekriegt. Der Predigttext spricht in eine Zeit, die zwar nicht annähernd die Jahreszahl trägt wie unsere, aber inhaltlich gar nicht so weit weg ist von uns. Die Sorgen, Ängste und Nöte sind ähnlich gelagert.
Die wichtigsten Fragen mögen diese gewesen sein: Wie geht es weiter? Mit uns, mit dem Christentum, mit der Kirche ?

Zunächst einmal glaube ich, dass ich nicht zu viel verrate, wenn ich jetzt schon vorweg nehme, dass die Hoffnung, das Vertrauen, der Glaube und die Geduld der Angesprochenen nicht umsonst war. Heute, 2 Jahrtausende nachdem der Brief verschickt wurde, steht die Kirche immer noch.
Auch hier im Ort ist die Kirche immer noch in Rufweite. Nicht in weiter Ferne, nicht entrückt, sondern zum Greifen nah.

Liebe Gemeinde,
die Kirche tut gut daran, geduldig zu sein. Vieles kommt und geht, nicht alles bleibt. Nicht alles, was der Zeitgeist anspült, ist auch gut. Einiges kann man durchaus benutzen. Die Kirche tut auch gut daran, weiterhin voller Vertrauen auf Jesus Christus zu schauen und auf Gottes Wort zu hören.
Dass die Kirche dafür einen zentralen Ort bietet ist sicherlich selbstverständlich. Die spannende Frage, die man sich stellen muss, kann nur lauten, wie die Kirche so ein Ort bleiben kann.

Der Hebräerbrief, aus dem der Predigttext stammt, ist in manchen Teilen theologisch so aufgedreht, dass er für viele nicht mehr verständlich ist. Andererseits muss man dem Verfasser zu Gute halten, dass er wirklich versucht, die Gemeinde beisammen zu halten. Leider ist sein Versuch an vielen Stellen eine Verschlimmbesserung. Die Gemeinde, die der Schreiber im Blick hat, ist längst keine Einheit mehr.

Die Gemeinde ist vielleicht so etwas wie der Vorläufer der nicht mehr ganz so stabilen Volkskirche. Sicher sind hier schon die Vorläufer zu spüren von Zerstreuung und Aufspaltung. Verschiedene Wege liegen offen vor der Gemeinde, nur welcher ist zu gehen?
All das ist ein Ergebnis der Zeit. All das geschieht im Jahre 90 n. Chr. Die Kreuzigung ist gerade mal knapp 60 Jahre vorbei und die Gottesdienste leiden unter Besuchermangel. Das kommt uns bekannt vor?

Natürlich. Aber wie soll Kirche, wie soll Gemeinde darauf reagieren? Sicherlich nicht, indem beide beliebig werden und in panischem Aktionismus jeder neuen Strömung nachlaufen.

Es ist wichtig einen Standpunkt zu haben. Und es gilt: Viele verschiedene Menschen haben verschiedene Standpunkte. Aber um all diese Standpunkte aufzunehmen, braucht es einen Ort, der standhält. Und es braucht Menschen, die den anderen nachgehen und die Menschen wieder an diesem Ort zusammenbringen.

Dieser Ort ist diese Kirche. Die Menschen, die den anderen nachgehen, sind wir. Wovon wir reden sollen, liegt auch auf der Hand. Wir sollen erzählen von dem Vertrauen auf Gott und wie sich dieses Vertrauen in unserem Leben erfahrbar macht.

Wir sollen erzählen von den Verheißungen, die wir gehört haben. Egal, ob die Luft auf der Straße vor Hitze schon zu flimmern beginnt. Oder ob das erlösende Parkplatzschild immer noch nicht da ist. Eines wird kommen – ganz sicher. Und wenn nicht, bleibt immer noch der Seitenstreifen. Man muss eben auch ein bisschen flexibel sein.

Ungefähr so flexibel und einfallsreich wie wir waren und sind, um diese Kirche erhalten zu können. Ein Ort, der Menschen unterschiedlichster Herkunft versammeln und zusammenbringen kann.
Eine Kirche im Dorf und das auch noch in Rufweite. Nicht unerreichbar, wie die theologischen Höhen des Hebräerbriefes. Eine Kirche im Zentrum, die der Gemeinde gehört, die daran arbeitet, dafür Zeit aufbringt (und gleich dafür feiern geht und schon dafür gefeiert hat.)
Unsere Hoffnung und unsere Motivation werden gespeist durch Christus. Er gibt die Kraft und die Ausdauer. Er ist der Eckstein, er ist der Grundstein. Das Symbol dafür ist diese Kirche.

Wie es weitergeht bei uns, hier mit unserer Kirche, das wissen wir noch nicht hundertprozentig genau. Aber wir wissen, dass es mit dieser Kirche weitergeht. Wenn nicht so, dann so. Weiterhin gilt natürlich: Nur Geduld. Irgendwann wird eben auch aus Gebeten ein Eimer Farbe!
AMEN!

Seid fröhlich und getrost!

Liebe Gemeinde,

gerade in diesen Zeiten wieder aktuell: Das Regierungsprogramm. Egal wer ein solches Programm vorstellt, Sie werden davon in den Nachrichten hören und in den Zeitungen lesen. Man wird dieser Veranstaltung nicht entgehen können, denn viel wird darüber berichtet werden.

Dabei spielt die inhaltliche Qualität solcher Programme kaum eine Rolle, denn Papier ist bekanntlich geduldig. Und meist wird das, was auf den bunten und großformatigen Wahlplakaten verkündet worden ist, nicht - oder nur sehr eingeschränkt - in das Regierungsprogramm eingebaut.

Zu viele Interessengruppen stehen einschneidenden Veränderungen gegenüber und darum wählen die Vertreter und Vertreterinnen lieber einen goldenen Mittelweg, der wenig Widerstand verspricht, aber unter Umständen viel Zustimmung und so die Wiederwahl sichern kann.

Wem das hilft? Wohl nur denen, die solche Programme schreiben und einen Platz an der Sonne ergattert haben. Oder solchen, die auf internationalem Parkett lieber deutsch sprechen.

Ein ganz anderes Regierungsprogramm kommt uns aber im heutigen Predigttext daher. Ein radikales Programm, unscheinbar, aber voller Zündstoff. Und für wen ist das geschrieben? Nun, sicher nicht für die Mächtigen. Aber für die Armen und Kranken. Für die Schwachen und die Sünder. Schlichtweg also für alle.

Ich will Ihnen dieses Programm nicht länger vorenthalten. Mag es auch wenig spektakulär daherkommen mit seinen Doppelungen und ohne einen erkennbaren Höhepunkt oder gar einzelne eingestreute spaßige Bemerkungen. Das folgende Programm ist also entgegen jedem Rhetorik-Seminar geschrieben und so wurde es auch vielfach aufgenommen. Wahrscheinlich fanden die Worte Jesu auch darum nicht so viel Beachtung, in unserer Zeit und in all den Zeiten davor, weil es nicht plakativ genug geschrieben war.

Sicher, in Bezug auf die damalige Öffentlichkeitsarbeit gab es kaum etwas auszusetzen. Der Ort war gut gewählt, die Werbung im Vorfeld war gut gelaufen.

Ein Stern hatte die Geburt des Kindes angekündigt und schon damals hatte der Vorgang der Niederkunft in einem Stall für Unmut unter der Bevölkerung gesorgt. Ein künftiger König in einem Stall geboren? So richtig gut fand das damals niemand.

Auch das Joint-Venture mit Johannes dem Täufer, einem Vetter Jesu, war ein voller Erfolg. Ganz im Dienste dessen, der da war, der da ist und der da kommt, hatte sich der Asket und Täufer gestellt und den Weg für den Jüngeren bereitet.

Und dann das! Der Höhepunkt der bisherigen Handlungen: Der neue Messias hatte Menschen geheilt!
„Er kam, sah und siegte!" titelte damals leider keine der zahlreichen Tageszeitungen. Wohl auch deshalb, weil nicht genug Geld geflossen oder in Sicht war, das solche Anstrengungen gerechtfertigt hätte.

Die Öffentlichkeitsarbeit war bis zu diesem Punkt wirklich gut und hatte bis zu diesem einen Tag ihr Ziel erreicht. Viele, viele Menschen hatten sich versammelt, um den zu hören, der bisher für so viel Verwirrung und Unverständnis gesorgt hatte.

Man wollte sich ein Bild machen von dem Mann, über den Meinungen, gelinde gesagt, doch sehr weit auseinander liefen. Manche fanden all das, was er tat und sagte, großartig: Mit den Menschen umgehen, die ganz unten waren. Er aß mit einem Zöllner, er saß gemeinsam am Tisch mit Sündern. Und dann diese wunderbaren Sätze: **Die Starken bedürfen keines Arztes, sondern die Kranken**. Schade nur, dass viele Menschen, damals wie heute dachten, sie seien nicht angesprochen. Ich werde doch nie krank!, sagten sich manche Menschen und hatten wieder nichts verstanden. Denn wer wollte und will schon krank oder gar arm sein? Sicherlich nicht die Elite, nicht die Leistungsträger.

Wo kämen wir auch hin, wenn es eine Lobby für Arme, Kranke und Sünder gäbe?
Eine Gesellschaft, die ihre klaren Regeln hat, kaum Kündigungsschutz und so wenig Mitbestimmungsrecht wie möglich für die Schwachen. Das war Programm. Schade nur, dass die Elite die Begriffe arm und reich, krank und schwach immer nur auf einem materiellen Hintergrund versteht.

Aber diese Begriffspaare bezeichnen auch die Suche und die Frage nach einem Zustand außerhalb aller materiellen und finanziellen Sicherheit und Glückseligkeit. Diese Begriffe reden nicht nur zu den vermeintlich Abgeschlagenen, sondern zu allen Menschen. Denn sicherlich ist nicht jeder immer stark oder reich. Ab und an wird man zweifeln an seinen Entscheidungen, ab und an wird man sein Gewissen hören, wenn man sieht, dass wieder tausende Menschen entlassen werden, weil die Aktionäre eine Gewinnausschüttung sehen wollen.

Nun, liebe Schwestern und Brüder, damals wie heute war man sich einig: Arm und krank, sündig und unrein, das waren Begriffe, die allein den Menschen vorbehalten waren, die anders waren und aus welchen Gründen auch immer ihren Platz in der Gesellschaft verloren hatten.

Diese Menschen hatten große Hoffnungen in den Mann aus Nazareth gesetzt, behandelte er sie doch über alle Gesellschaftsgrenzen hinweg, wie normale Menschen. Er ging in ihre Häuser, er zeigte sich öffentlich mit diesen Menschen und wertete sie auf, weil er sie ernst nahm.
Den Vertretern des Establishments war das natürlich nicht geheuer, denn was dieser Mann da öffentlich lehrte, war nichts anderes als das Gegenteil von dem, was bis dahin gegolten hatte. Eine klare Trennung zwischen den Menschen, ganz genaue Regeln, die man einzuhalten hatte und geflissentlich übertreten konnte, wenn man sich das leisten konnte.

Auch heute gibt es Beispiele solcher Art: Manche Menschen verlieren ihren Status für wenige Cents oder für eine Frikadelle vom Firmenbuffet, andere Menschen hingegen schrieben ihre Memoiren und wollen nicht erzählen, wer das Geld dafür gespendet hat, das einen überhaupt erst in die Lage versetzt hat, seine Memoiren zu schreiben.

All diesen Menschen kam es wohl zu revolutionär vor, dass ein Mensch davon redete, dass es eigentlich keine Grenzen gibt, dass alle Menschen gleich sind. **„Hier ist nicht Jude noch Grieche, hier ist nicht Sklave noch Freier, hier ist nicht Mann noch Frau, denn ihr seid allesamt einer in Christus Jesus!"**
So verbreiteten es prominente Schüler des Mannes aus Nazareth und gaben damit seine Lehre sehr genau wider. **„Gleichmacherei!"**, schimpften auf der einen Seite sowohl die einflussreichen Entscheider als auch die nationalistischen Dummköpfe, die daran glaubten, dass es eine höher gestellte Rasse gäbe und alle anderen Menschen minderwertig seien - und alle ignorierten solche Aussagen.

Und so ignorierten sie auch diesen einen Tag, als der Rabbi auf einen Berg gestiegen war, um sein Grundsatzprogramm vorzustellen. Natürlich ignorierten sie diese Veranstaltung nicht wirklich, denn es war und ist wichtig, den Feind zu kennen, um ihn besser bekämpfen zu können. Und so versammelten sich viele an diesem Tag und hörten auf die Worte des Menschensohnes. Einige voller Erwartung, andere voller Ablehnung.

Sicher war die Ablehnung von dem einen oder anderen Standpunkt aus auch begründet und verständlich. Wer derartige Handlungsmaximen unter das Volk brachte, konnte damit nur Schaden anrichten.

Die Leidtragenden, die Sanftmütigen, die Traurigen, die ungerecht Behandelten – all diese Menschen wurden hier direkt angesprochen und gesegnet. Unglaublich! Wo blieben denn die Erfolgreichen, die Glücklichen, die Leistungsträger? All diese kamen nach eigenem Empfinden nicht vor und kamen doch vor. Denn Jesus betrachtete immer den ganzheitlichen Menschen. Eine Aufteilung gab es nicht. Schließlich ist uns allen klar, dass z. B. Besitz nicht davor schützt, Traurigkeit zu empfinden. Und auch ein Börsengewinnler ist nicht gefeit vor Liebeskummer.

Traurigkeit und Leiden jeder Art, soviel wusste Jesus, waren Sachen, die alle Menschen kannten und ab und an empfinden. Und auch das Leben als Ganzes, mit allen Höhen und Tiefen, konnte keiner umgehen. Und weil der ganzheitliche Mensch ein ganzheitliches Programm braucht, machte sich Jesus auf den Weg und brachte seine Ansichten unter das Volk und räumte auf mit dem unseligen **Auge um Auge, Zahn um Zahn**. An Stelle der Vergeltung setzte er die Feindesliebe.
Es müssen solche Ansichten gewesen sein, die vielen Menschen nach ihm die Formulierung abverlangten, mit der Bergpredigt als Ganze könne man keinen Staat regieren.

Ist denn die Bergpredigt erfüllbar? Der großartige Theologe Heinz Zahrnt hat darauf eine ganz wunderbare Antwort gegeben:
„Statt sich mit der Unerfüllbarkeit der Bergpredigt zu entschuldigen und sich dabei zu beruhigen, soll sich die Christenheit durch ihre Nichterfüllung aufstören und beunruhigen lassen und dadurch ihrerseits wieder zu einer Unruhe in der Gesellschaft werden. Die Christenheit befindet sich hier in einem Lernprozess. Die »Fahrrinne« ist im Vergleich zu früheren Zeiten sehr viel schmaler geworden."

Liebe Freundinnen und Freunde in Christus! Wir sind also aufgefordert, das Regierungsprogramm Jesu zu tun. Nicht nur darüber zu reden, sondern es auch zu hören und dann auch zu leben. Ob das schwierig ist? Mit Sicherheit! Ob sich das lohnt? Hören wir noch einmal Heinz Zahrnt:
„Die Forderungen der Bergpredigt dürfen nicht in allgemeine ethische Maximen oder praktikable politische Handlungsanweisungen verwandelt werden. In ihnen sind der Glaube an Gott und die Liebe zum Nächsten zu einer unauflöslichen Einheit verbunden. Darum bildet die von Jesus gepredigte »Umkehr« in jedem Fall die Voraussetzung für ihre Erfüllung!"
Also: **„Seid fröhlich und getrost; es wird euch im Himmel reichlich belohnt werden!"**
AMEN!

Nähe

Liebe Gemeinde,

eine Mutter und ein Taschentuch. Von mir aus ein handelsübliches Tempo. So eines wie dieses hier. Weiß, etwas rau. Unschuldig und überhaupt nicht furchteinflößend.

Aber der Schweiß trat mir als kleiner Junge auf die Stirn, wenn ich meine Mutter in dieses Taschentuch spucken sah. Irgendein Fleck an mir, meist im Gesicht, auf den Armen oder auf meinen Anziehsachen hatte ihre Aufmerksamkeit erregt.

Und zack -- ins Tempo gespuckt -- so schnell konnte ich gar nicht schauen, wie anschließend dieser angefeuchtete Lappen durch mein Gesicht wischte, um mich zu reinigen.

Eine entsetzliche Tortur war das. Und dazu auch ein wenig demütigend. Erst recht, wenn andere Kinder diesem Schauspiel beiwohnen konnten.

Mein Herz ging auf, wenn ich auch bei anderen beobachten konnte, dass sie Opfer einer solchen Putzattacke geworden waren.

Schlimmer als diese Erinnerung an das weiße Tempo in meinem Gesicht ist nur die an das befohlene Tanten-Küssen. Aber das ist ein anderes Thema.

Liebe Freundinnen und Freunde in Christus, wenden wir uns lieber einmal dem heutigen Predigttext zu. Denn auch in diesem spielt der menschliche Speichel eine ganz wichtige Rolle. Und in dieser Geschichte bleibt es nicht nur bei der Oberflächenbehandlung. Nein, Jesus nimmt sich die Zunge eines Menschen vor und berührt diese mit seinem Finger. Natürlich nicht bevor er davor seinen Finger in die Ohren des anderen gesteckt hatte. Am Ende dieser Geschichte ist die betroffene Person geheilt.

Die Putzattacken meiner Mutter und Gottes Wirken am diesem Menschen. Die Gemeinsamkeit liegt für mich in der Tatsache, dass in jedem Fall ein Mensch einem anderen Menschen sehr nahe kommt. Zu nahe, wie es sich im Falle meiner mit einem Tempotuch bewaffneten Mutter für mich herausgestellt hat.

Aber es gibt gute Gründe, dass Menschen einander nahe kommen. Denn Nähe zwischen Menschen eröffnet ganz neue Wege. Wenn zum Beispiel die Kirmesburschen und -mädels hier gemeinsam rein tanzen, dann ist das ein Ausdruck von Nähe, die auch Vertrauen ist. Darüber hinaus kann man sich aufgrund der Nähe aneinander festhalten und dann kann man vieles leichter ertragen.

Gerade beim Tanzen ist Nähe, die Vertrauen ist, mehr als wichtig. Aber auch die Nähe, wie Eltern sie zu ihren Kindern haben, ist unbeschreiblich wichtig. Gerade diese Nähe drückt sich darin aus, dass Sie, liebe Eltern der Täuflinge, Ihre Kinder vor Gott gebracht haben und ihn um seine Nähe bitten.

Nähe ist etwas ganz Kostbares. Etwas, das man hat. Echte Nähe ist ein Gefühl, das man nicht herstellen kann, aber das unheimlich viel produziert.

Nun, liebe Gemeinde, Nähe ist also etwas durchweg Gutes. Aber manchmal ist einem die Nähe zu viel. Gerade so wie bei Jesus und dem Mann im heutigen Predigttext. Den Finger auf die Zunge legen und einen anderen ins Ohr. Das geht mir viel zu weit. Das ist schon beinahe übergriffig. So empfinde ich das.

Aber was heißt das schon, wenn ich das so empfinde. Über den Menschen aus der Geschichte wird nicht berichtet, dass er sich in irgendeiner Weise in seinem Tanzbereich eingeschränkt fühlt. Er empfindet die körperliche Nähe überhaupt nicht als einengend oder anmaßend.

Es scheint vielmehr, als habe der Mensch aus unserer Geschichte übermäßig großes Vertrauen in diesen anderen Menschen Jesus.

Ich erzähle Ihnen und euch sicherlich nichts Neues, wenn ich Ihnen davon berichte, dass es eine Privatsphäre gibt, die jeden Menschen umgibt. Diese sogenannte Distanz-Zone beträgt je nachdem, Ort und Anlass spielen da wohl auch eine Rolle, zwischen 0 und 50 cm. Allerdings variiert dieser Bereich je nach Land und Klima. Ein Brasilianer empfindet eine Nähe, die so nah ist, dass, man die Adern im Auge des anderen gut sehen und zählen kann, als völlig normal.

Versuchen Sie das doch jetzt mal bei ihrem Nachbarn. Ich denke, es wird deutlich: Das ist ganz schön nahe.
Unsere Distanz-Zone ist in etwa die einer ausgestreckten Hand. Bis hierhin und nicht weiter!
Jesus scheint das alles überhaupt nicht zu interessieren. Er geht in die Vollen und kümmert sich nicht um irgendwelche Zonen. Er geht ganz nah ran und dringt in den Distanzbereich der Person ein.
Dabei kommt Jesus dem Menschen auf eine beinahe intime Weise nahe, dass man erst mal zurückschreckt: Er legt seinen Finger auf die Zunge und einen anderen in das Ohr des Betreffenden.

Für bis dato einander unbekannte Menschen ist das schon wirklich erwähnenswert. Aber es hat etwas auf sich mit dieser Nähe. Denn der Mensch, der Gott so nah an sich heran lässt, wer Gott auf diese Art und Weise empfängt, der öffnet sich ihm -- im wahrsten Sinne des Wortes. Und Gott öffnet ihn.
Der Mensch, dem dies widerfahren ist, kann wieder sprechen und hören. Dabei muss er gar nicht stumm und taub gewesen sein im herkömmlichen Sinn.

Manchmal fehlen uns auch nur die richtigen Worte, die wir nicht sagen können, weil uns unser Stolz in die Quere kommt und uns daran hindert Unrecht zuzugeben.
Es mag zur rechten Zeit das rechte Wort fehlen. Jesus kann solche Dinge ändern. Er vermag diverse Ketten, Sachen, die uns lähmen und hindern, die Dinge, die uns die Zunge schwer machen, das Ohropax aus dem Ohr zu entfernen, zu lösen und zu beseitigen.
Jesus kann uns öffnen. Zunächst für sich und dann auch für andere. Aber um solches erleben zu können, um dieser Befreiung habhaft zu werden, muss man ihn auch an sich heran lassen.
Liebe Gemeinde, wie immer im Leben reicht es nicht zu sagen, wasch mich, aber mach mich nicht nass. Meine Mutter hatte diese Weisheit verinnerlicht, denn ihre Tempos waren immer ausreichend nass, um auch den stärksten Schmutz aus meinem Gesicht zu wischen.

Es reicht nicht zu sagen, wasch mich, aber mach mich nicht nass, wenn wir Kinder zur Taufe bringen. Wer getauft ist, ist auch gefordert. Es geht um Vertrauen: Um das Vertrauen Gottes in uns und unser Vertrauen in Gott.

Und auch bei der Kirmes reicht es nicht, nur dabei zu sein. Man muss sich darauf einlassen. Auf die Gemeinschaft, den Spaß, das Feiern aber eben auch auf die dadurch entstehende Arbeit und vorher und nachher mit anpacken.

Und, liebe Gemeinde, genauso verhält es sich mit Gott. Jesus geht tiefer. Er bleibt nicht an der Oberfläche haften. Er geht auf die Menschen zu und hat keine Scheu, uns Menschen zu berühren -- auch innerlich. Und wenn man ihm vertraut, wenn man daran glaubt, dass seine Nähe eine gute Nähe ist, und man dann erkennt, dass man diese auch gut aushalten kann, dann bekommt man unendlich viel. Man bekommt nicht nur die Lähmungen und Verspannungen gelöst, man bekommt eine Gemeinschaft, die einen tragen will und die man selber tragen kann.

Gemeinde, Taufe, Kirmesgesellschaft -- all das sind Dinge, die im besten Falle dem Beispiel Jesu folgen und eine persönliche Zuwendung, eine persönliche Öffnung gegenüber diesen Geschehnissen jedes Einzelnen erwarten.

Wer sich durch solche Ereignisse öffnen lässt für die Gemeinschaft, der hat dann auch das bisher unhörbare "Hefata!" gehört. Sei geöffnet. Für Jesus und für andere

Und der Friede Gottes, der höher ist als alle unsere Vernunft, bewahre unsere Herzen und Sinne in Jesus Christus.

Amen.

Leben in der Vorstadt

Herzlich willkommen, heute am 14. Sonntag nach Trinitatis, zur Testamentseröffnung in der Frommershäuser Kirche. Wie ich feststelle, sind alle relevanten Personen anwesend. Alsdann möchte ich auch gleich beginnen mit der Eröffnung des Testaments in der Sache *Ev. Kirchengemeinde Frommershausen und Paulus.*

Zur Eröffnung und Verlesung des Testaments bitte ich Sie und euch sich zu erheben.

V. 14: Denn welche der Geist Gottes treibt, die sind Gottes Kinder.
V. 15 Denn ihr habt nicht einen knechtischen Geist empfangen, dass ihr euch abermals fürchten müsstet; sondern ihr habt einen kindlichen Geist empfangen, durch den wir rufen: Abba, lieber Vater!
V. 16 Der Geist selbst gibt Zeugnis unserm Geist, dass wir Gottes Kinder sind.
V. 17 Sind wir aber Kinder, so sind wir auch Erben, nämlich Gottes Erben und Miterben Christi, wenn wir denn mit ihm leiden, damit wir auch mit zur Herrlichkeit erhoben werden.

Ich bitte Sie und euch nun wieder Platz zu nehmen.

Liebe Gemeinde - oder sollte ich in Anbetracht des gemeinsamen Erbes lieber sagen:

Liebe Schwestern und Brüder!?

Gänzlich unerwartet sind Sie, seid ihr, Erben geworden. Damit war heute Morgen beim Aufstehen nicht unbedingt zu rechnen. Wer sich aus dem Bett gequält hat und sich vielleicht nicht schlüssig war, ob er denn in die Kirche gehen sollte, der dürfte spätestens jetzt entschädigt sein. Wenn Sie und ihr schon immer mal wissen wolltet, wie sich die Millionen-Erbin Paris Hilton morgens beim aufstehen fühlt, dann wird dieser Wunsch heute Morgen erfüllt werden.

Aber: Ist es wirklich so unerwartet, dass wir Erben sind? War damit wirklich überhaupt nicht zu rechnen?

Wie dem auch sei: Es gibt was zu erben. Und ich glaube, ich verrate nicht zu viel, wenn ich sage, dass es eine ganze Menge ist, was da an Erbe auf uns wartet. Wir sind nämlich nicht nur Erben diverser Hotels und einiger Yachten, sondern wir sind **Erben Gottes** und somit Miterben Christi. So steht es in dem verlesenen Text. Wir sind Erben. Wir sind Miterben Jesu Christi.

Was das genau bedeutet, und wie es dazu kommt, erklärt Paulus zunächst leider nicht in seinem Text.
Ich möchte aber ganz vorne anfangen und zunächst mal darauf zu sprechen kommen, **warum** wir überhaupt Erben sind.

Einige von Ihnen werden es wissen, ein Erbe wird man üblicherweise, wenn man einer Person sehr nahe stand und demnach mit ihr verwandt ist. Wie aber sind wir als Kirchengemeinde mit Gott verwandt und kommen so in den Genuss, zu Erben?

Mit Sicherheit wird es nur wenigen der hier Anwesenden vergönnt sein, sich daran zu erinnern, aber alles hat mit der Taufe angefangen. „Wir sind getauft auf deinen Namen!" lautet denn auch das Lied nach der Predigt und sagt doch damit, dass wir den Namen Gottes tragen. Gott kennt uns mit Beginn des Lebens und für ihn besteht kein Zweifel daran, dass wir zu ihm gehören. Die Taufe macht uns also zu Kindern Gottes.

Paulus schreibt, dass wir den Geist der Kindschaft erhalten haben. Das bedeutet nicht, dass wir **kindisch** sind oder gar sein sollen. Wir *sind* Kinder und dürfen **kindlich** im Angesichte dieser Zusage Gottes sein. Vielleicht haben einige von Ihnen jetzt die Worte „Lasset die Kinder zu mir kommen" im Ohr. Damit sind eben nicht nur kleine Menschen gemeint, sondern alle, die Kinder Gottes sind.
Einige werden sich noch an die Bild-Schlagzeile aus diesem Sommer erinnern, als Gerhard Schröder zum zweiten Mal ein Kind adoptiert hat? Die Bildzeitung titelte damals: Schon wieder!
Die Aufregung dahinter ist mir fremd. Wenn Gerhard Schröder und andere Menschen es können und wollen, dann ist auch gegen die Adoption eines

zweiten Kindes nichts einzuwenden. Immerhin übernehmen solche Menschen mit diesem Akt Verantwortung für andere.
Genauso verhält es sich mit unserer Adoption durch Gott. Gott kann und will uns adoptieren. Der Geist der Gotteskindschaft, der uns geschenkt wird, drückt Gottes Verantwortung und Zusage gegenüber den Menschen aus. Aber der Geist ist auch Zeichen für Gottes Nähe. Plötzlich ist Gott ganz nah, so nah, wie ein Vater seinen Kindern ist. Die Verwandtschaftsverhältnisse, die uns in die Möglichkeit des Erbens stellen, sollten somit deutlich geworden sein.

Kommen wir zu der Frage, **was es eigentlich zu erben gibt**? Nun, das Testament ist an dieser Stelle nicht so ganz eindeutig. Es nennt uns zwar Miterben, aber es sagt nicht genau, was das sein wird. Es ist auf jeden Fall etwas, das in der Zukunft liegt, und es ist uns verheißen. Was hat es aber damit auf sich? Verheißung?

Ich verstehe Verheißung so, dass Gott uns am Ende der Tage mit hinein nimmt in das Reich Gottes, in eine gute, neue ganz andere Welt. Der Text sagt ganz deutlich, dass wir mit verherrlicht werden mit Christus. Wie anders kann das gemeint sein, als eben auch in den Himmel zu fahren?

Übertragen auf das Leben in der Vorstadt Vellmar bedeutet das, wir leben noch nicht in der neuen Stadt Gottes. Vellmar ist eben nur *Vor*stadt. Und auch wir leben in dieser *Vor*stadt. Aber es gibt - hier und jetzt - die berechtigte Hoffnung auf die neue Stadt Gottes.
In dieser neuen Stadt Gottes ist alles ganz anders. Man lebt leidfrei, sorglos, versöhnt und es gibt wohl auch immer ausreichend Parkplätze und – natürlich – genügend Kinderspielplätze. Der Mensch hat in dieser neuen Stadt wirklich ausgesorgt!
Allerdings soll dieser Vergleich nicht bedeuten, dass es hier in Vellmar schlecht ist und man folglich auch nichts mehr machen muss. Keineswegs! In der Vorstadt gibt es zwar Sorgen und Leiden und Arbeitslosigkeit, aber es gibt auch die berechtigte Hoffnung, die aus der Zusage Gottes resultiert, dass wir Kinder Gottes sind. Aus und in dieser Zusage leben wir

schon jetzt. Also kann es nicht einfach nur darum gehen, die Hände in den Schoß fallen zu lassen.

Auch Paulus spricht deutlich davon, dass noch etwas von den Kindern Gottes erwartet wird.
„Wenn aber Kinder, auch Erben. Einerseits Erben Gottes, andererseits Miterben Christi, wenn anders wir mitleiden, damit auch wir mit verherrlicht werden."
„Wenn – dann". Ein Bedingungssatz. Es wird also etwas mit der Erbschaft verbunden, und zwar eine Bedingung.

Liebe Miterben,
„mitgefangen, mit gehangen!" könnte man denken. Aber genau darum geht es hier nicht. Paulus spricht nicht von einem *entweder-oder-Prinzip*, sondern von einer inneren Logik in diesem Zusammenhang.

Wie in der Vorstadt, in der man lebt. Man lässt diese Stadt nicht einfach verfallen. Hier und da werden Straßen ausgebessert, vielleicht ein Park angelegt oder erhalten. Man gibt die Stadt nicht einfach dem Verfall preis, sondern investiert in diese Stadt.
Wendet man dieses Bild auf Christinnen und Christen an, dann bedeutet das: Wir sehen die Schlaglöcher in der Straße und helfen mit, diese auszubessern. Oder anders gesagt: In jedem Gottesdienst halten wir z.B. Fürbitte für Menschen in dieser Welt. Es ist nicht alles perfekt auf Erden und unser Mit-Leiden ist dadurch gekennzeichnet, dass wir um dieses Leid wissen und uns diesem Leid stellen.

Aus diesem Grund erscheint mir der Bedingungssatz aus dieser Perspektive nicht mehr so, als käme hier, gewissermaßen durch die Hintertür, die ethische Keule herein.
Wenn wir als Kinder Gottes heranwachsen, dann ist es natürlich, nach und nach Arbeiten und Aufgaben innerhalb der Familie zu übernehmen. Man beginnt, den Müll raus zutragen oder räumt die Geschirrspülmaschine aus. Man tut dies einfach, nicht zuletzt auch aus Verantwortung

Es steckt also mehr in der Zusage vom Erben als nur der bloße Antritt dessen. Denn dass wir mitleiden, beinhaltet die Frage danach, was wir tun und wie wir es tun.
Nun, ein Kind Gottes zu sein bedeutet also nicht, dass wir als Christinnen und Christen dem Weg Jesu in seiner Gänze folgen sollten. Wie sollten wir dieses auch zu Wege bringen?
Vielmehr geht es um eine verantwortungsvolle und liebevolle Hinwendung zur Welt. Es geht darum mitzumachen, mitzuhelfen, mit anzupacken. Und dies tun wir ja auch jetzt schon in vielfältiger Gestalt: Es gibt diakonische Einrichtungen und unsere Gemeinde selbst ist Treffpunkt für viele Gruppen und Menschen.

Christenmenschen unterscheiden sich nämlich dadurch von der Welt, dass sie sich zwar nicht anders verhalten müssen, sich aber anders verhalten. Eben *christlich* verhalten. Das bedeutet, dass Christinnen und Christen einander und andere z.B. nicht übervorteilen.
Die alten Herrschaftsstrukturen sind für uns aufgehoben. Wir sind frei vom Sklavengeist irdischer Strukturen. Aber weil wir in der Welt leben und uns dieser Welt nicht in der Art entziehen sollen, als gehe sie uns nichts mehr an, leben wir dennoch mit diesen Strukturen. Aber nicht widerstandslos. Schließlich zählt der Versuch, dieser Welt einen anderen Stempel aufzudrücken.
Und zu all diesem Handeln befähigt uns der Geist Gottes, der uns zu Kindern Gottes macht.

Drei Themen mit einem Ergebnis sind nun zur Sprache gekommen.
Zum einen sind wir Kinder Gottes, weil Gott uns adoptiert hat. Wir sind auf seinen Namen getauft und tragen den gleichen Namen wie sein Sohn Christus. Die Adoption ist aber keine Zwangstat an uns, sondern Beweis der Liebe Gottes zu seiner Schöpfung. „Der niemals loslässt das Werk seiner Hände!“, habe ich in meiner Begrüßung formuliert. Diese uns geschenkte Kindschaft ist auf jeden Fall leistungsunabhängig und einfach da.

Zum zweiten haben wir als Kinder Gottes Anteil am Erbe der Verheißung. Diese besteht im Wesentlichen darin, dass wir aus einer Gewissheit in dieser Welt auftreten und leben können die mit irdischen Mitteln nicht zu erreichen wäre. Dies ist die unbedingte Zusage Gottes. Was auch bedeutet, dass wir Fehler machen können ohne dass diese uns aus der Pole-Position der Kindschaft schmeißen könnten.

Zum dritten geht es bei diesem Erbe nicht um eine von uns einzufordernde Leistung im Sinne einer unbedingten Verhaltensweise. Trotzdem sind wir angehalten, diese Welt nicht sich selbst zu überlassen. Immerhin ist uns etwas angediehen worden, das es wert ist, der ganzen Welt davon zu erzählen und in diesem Sinne zu handeln.

Am Ende steht aber über allem Gottes Liebe und Zusage an uns. Gott ist der Felsen, auf den ich bauen kann, egal wie mein Leben gerade verläuft. Das Erbe mögen wir jetzt noch nicht antreten können, aber die Zusage steht. Aus diesem Aspekt zu leben kann nur befreiend wirken.

Und der Friede Gottes, unseres Vaters, der höher ist als alle unsere Vernunft, bewahre unsere Herzen und Sinne in Jesus Christus, mit dem wir erben werden, in Ewigkeit. Amen!

Abendspaziergang

Jetzt war es doch kalt geworden. Paulus hatte so etwas schon befürchtet. Schließlich war das ja auch nicht seine Idee gewesen, im Dunkeln hier durch die Straßen zu rennen. Er zog die Jacke am Hals enger zusammen und kreuzte die Arme vor der Brust.

Jesus schien das alles nichts auszumachen. Er lief fröhlich neben Paulus und erzählte munter von seinen Erlebnissen des letzten Jahres. Paulus hatte sich ganz schön erschrocken, als er die Erinnerung an dieses jährliche Treffen bekam. **„War wirklich schon wieder ein Jahr rum?"**, dachte Paulus und erschrak sogleich. **„Die Zeit vergeht so schnell!"**

Jesus und Paulus trafen sich schon seit langer Zeit, immer einmal Jahr, zum einen um sich gegenseitig auf den neusten Stand zu bringen, zum anderen um zu hören, wie es einander ging. Was das Leben so machte und welche Pläne anstanden.

Das diesjährige Treffen war aber so plötzlich gekommen, dass Paulus vor lauter Arbeit nicht mal gemerkt hatte, dass es schon Herbst geworden war. Er hätte besser daran getan, auch mal einen Blick nach draußen zu werfen und sich eine neue Winterjacke zu kaufen, als immer nur zu schreiben und zu arbeiten. Hatte er aber nicht und so lief er in einer alten, löchrigen Jacke, die den eisigen Wind geradezu einlud, ihm in die Glieder zu fahren, mit Jesus durch die abendliche Stadt.

Jesus schien das alles nichts anzuhaben. Fröhlich und unbekümmert lief er neben dem alten Apostel her und erzählte von seinen Erlebnissen.

Ob es an der Kälte lag oder an der Dunkelheit, das konnte Paulus im Nachhinein nicht mehr so genau sagen, auf jeden Fall hatte er schlechte Laune und viel wäre er in eine der zahlreichen und festlich beleuchteten Gasthäuser eingekehrt. Aber Jesus hatte auf diesen Spaziergang bestanden. **„Gut!"**, dachte Paulus **„Dann will ich die Gelegenheit auch nutzen!"** Seine Finger konnte Paulus kaum noch spüren, als er Jesus auf die Umgebung hinwies.

„Mein Lieber!" Paulus fing an, sich warm zu reden: **„Du warst ja jetzt längere Zeit im Himmel. Darf ich dir also mal ein paar Fragen stellen? Bekommt ihr eigentlich alles mit, was hier unten so passiert? Registriert ihr da oben, dass es hier unten mitunter schwierig, ach was, sau schwer ist?"** Paulus redete sich in Rage. Ganz so wie es seine Art war. Schon immer galt er als cholerischer Charakter mit einem aufbrausenden Temperament. Sicher, manchmal wäre es klüger gewesen, sich zurückzuhalten, aber wäre er dann da, wo er war? Gott hatte ihn immerhin mit diesem Makel ausgewählt und keine ausgleichende Persönlichkeit so wie der Kälte resistente Christus neben ihm, der anscheinend gerade antworten wollte.

Darauf konnte Paulus nun wirklich nicht warten. Er führte ihn geradewegs in eine Straße, in der Menschen wohnten, die er vom Bäcker kannte. Ab und an hatte er einen aus der Familie beim Brötchen holen getroffen und ein bisschen mit ihnen geplauscht.

„Schau mal Heiland! Hier leben Menschen, die haben nicht immer genug zu essen, tragen alte Klamotten auf und das, obwohl der Vater und die Mutter arbeiten gehen!" Sie hielten an und Paulus zeigte auf das Haus. Jesus blickte stumm und als er den Mund öffnen wollte, fuhr ihm der Apostel dazwischen.

Paulus dachte überhaupt nicht daran, den himmlischen Besucher zu Wort kommen zu lassen. **„Hörst du das Seufzen? Die wissen nicht ein noch aus und die Miete und der Strom sind schon wieder abgebucht und der Monat dauert noch so lange! Wie sollen die denn gut über die Runden kommen?"**

Paulus merkte, wie gut es tat, einmal seinem Ärger Luft zu machen, und zog Jesus weiter hinter sich her. **„Hier!"**, rief er, als die zwei in eine Straße einbogen und vor einem Haus anhielten, in dem nur ein Fenster erleuchtet war. **„Eine Frau wohnt hier, ganz alleine! Die Kinder sind schon lange fort, der Mann ist bereits gestorben und sie wohnt hier ganz alleine. Niemand hier, der sich kümmert. Keine Menschenseele. Der einzige Kontakt, den sie noch hat ist der Anruf von diesen unsäglichen Telefonwerbern, die dir nur eine Heizdecke verkaufen wollen und am Ende wirst du gnadenlos abgezockt und hast zwar eine Heizdecke, aber auch ein Abo und zwanzig Liter Wein im Tetrapack! Das ist der einzige Kontakt. Es kommt niemand mehr! Kannst du das traurige Wimmern dieser alten, einsamen Frau hören?"**

Paulus konnte und wollte nicht innehalten. Er hatte sich in seine Klage hineingesteigert und wer wusste schon, ob Jesus nach dieser Vorstellung

wieder kommen würde? Also nutzte Paulus die Gunst der Stunde und brachte Jesus zu einem weiteren Haus.
„Schau!" Paulus deutete mit dem Finger auf eine Fensterreihe. **„Dahinter wohnt eine Familie, die bald keine mehr sein wird. Die beiden Erwachsenen haben sich auseinander gelebt! Er wird gehen. Die armen Kinder. Jeden Abend streiten sich die Eltern und die Kleinen wissen nicht, was sie tun sollen!"**
Paulus zog weiter. Er hatte eine neue Mission, zumindest für heute: Er wollte Jesus so viel Leid wie möglich zeigen, als Paulus plötzlich ein Pärchen sah. Er rüttelte an Jesu Arm und deute auf die zwei: Beide gestikulierten wild umher und schließlich schrie der Mann etwas und ging weg. Die Frau begann zu weinen und zu schluchzen. Weiter unten auf der Straße heulte ein Motor auf und ein Wagen fuhr mit quietschenden Reifen davon.
Ob es an der Dunkelheit dieses Abends lag oder an der ungastlichen Kälte: Es schien, als wären die Häuser, die Straßen, die ganze Stadt eingehüllt in Schmerzen jeder Art, in Tränen aufgelöst und von Leid geplagt. Beinahe jedes Haus, so konnte man denken, hatte eine Ahnung davon, was Paulus seinem Begleiter zeigen wollte. Schmerz, Leid, Enttäuschungen und menschliche Abgründe taten sich beinahe überall auf, oft unvorhersehbar, ohne Vorwarnung, fast so wie ein plötzlicher Erdfall in einer kleinen thüringischen Stadt.
Die Kälte hatte Paulus schon fast vergessen. Er war wütend und traurig zugleich und vor lauter Zorn und Ärger spürte er keine Kälte mehr.
Sein Kopf glühte fast und so hastete er mit Jesus im Schlepptau durch die dunklen Straßen der Stadt. Hie und da hielt Paulus an und zeigte auf Häuser. Zu jedem konnte er eine Geschichte erzählen. Es waren keine Schönen, guten Geschichten. Es waren Geschichten geprägt von Leid und Kummer, Einsamkeit und Trauer.

Jesus hatte sich schließlich entschlossen still zu bleiben. Erst als er wieder neben Paulus lief und dieser sich etwas beruhigt hatte, begann Jesus zu antworten.
Und während Jesus in aller Ruhe Paulus auf seine Fragen und seine Klagen antwortete, gingen die zwei weiter ihren Weg. Man konnte noch hören,

wie Jesus fragte, ob Paulus einen Zettel und einen Stift dabei hatte, als die Dunkelheit die beiden irgendwann verschluckte.
Paulus, kaum zuhause angekommen, setzte sich nach diesem Gespräch bald wieder an den Schreibtisch und begann, einen langen Brief an die Gemeinden in dieser Welt zu schreiben. Seine Schwermut hatte sich aufgehellt. Er hatte wieder Hoffnung und die Kraft, diese Welt auszuhalten. Er wollte nicht ausblenden, nicht weg reden, nicht romantisieren, wo es nichts zu romantisieren gab: Das Leben war mitunter hart und glücklos. Trauer ist schmerzhaft und verheilt nicht, auch wenn man die Schmerzen betäubt. Paulus war froh, dass er sich vor diesen Wahrheiten nicht weiterhin verstecken musste. Er war froh, dass er mit Jesus gesprochen hatte. Er war froh, dass er einen Zettel und einen Stift eingepackt hatte. Er las noch einmal laut den letzten Satz, den Jesus aufgeschrieben hatte:
„Bleibt sensibel für die Sorgen untereinander, für die Nöte, die Ängste, die Verletzungen. Noch seid ihr in den Wehen." Dann begann Paulus zu schreiben:
Ich bin überzeugt: Was wir in der gegenwärtigen Zeit noch leiden müssen, fällt überhaupt nicht ins Gewicht im Vergleich mit der Herrlichkeit, die Gott uns zugedacht hat und die er in der Zukunft offenbar machen wird.
Die ganze Schöpfung wartet sehnsüchtig auf den Tag, an dem die Kinder Gottes vor allen Augen in dieser Herrlichkeit offenbar werden. Denn alles Geschaffene ist der Sinnlosigkeit ausgeliefert, versklavt an die Vergänglichkeit, und das nicht durch eigene Schuld, sondern weil Gott es so verfügt hat. Er gab aber seinen Geschöpfen die Hoffnung, dass auch sie eines Tages von der Versklavung an die Vergänglichkeit befreit werden und teilhaben an der unvergänglichen Herrlichkeit, die Gott seinen Kindern schenkt.
Wir wissen, dass die ganze Schöpfung bis jetzt noch stöhnt und in Wehen liegt wie eine Frau bei der Geburt. Aber auch wir selbst, die doch schon als Anfang des neuen Lebens - gleichsam als Anzahlung - den Heiligen Geist bekommen haben, stöhnen ebenso in unserem Innern. Denn wir warten sehnsüchtig auf die volle

Verwirklichung dessen, was Gott uns als seinen Kindern zugedacht hat: dass unser Leib von der Vergänglichkeit erlöst wird.
Wir sind gerettet, aber noch ist alles Hoffnung. Eine Hoffnung, die sich schon sichtbar erfüllt hat, ist keine Hoffnung. Ich kann nicht erhoffen, was ich vor Augen habe.
Wenn wir aber auf etwas hoffen, dass wir noch nicht sehen können, dann heißt das, das wir beharrlich danach Ausschau halten sollten!
AMEN!

[17] Wohlan, es ist noch eine kleine Weile, so soll der Libanon fruchtbares Land werden, und was jetzt fruchtbares Land ist, soll wie ein Wald werden. [18] Zu der Zeit werden die Tauben hören die Worte des Buches, und die Augen der Blinden werden aus Dunkel und Finsternis sehen; [19] und die Elenden werden wieder Freude haben am HERRN, und die Ärmsten unter den Menschen werden fröhlich sein in dem Heiligen Israels. [20] Denn es wird ein Ende haben mit den Tyrannen und mit den Spöttern aus sein, und es werden vertilgt werden alle, die darauf aus sind, Unheil anzurichten, [21] welche die Leute schuldig sprechen vor Gericht und stellen dem nach, der sie zurechtweist im Tor, und beugen durch Lügen das Recht des Unschuldigen. [22] Darum spricht der HERR, der Abraham erlöst hat, zum Hause Jakob: Jakob soll nicht mehr beschämt dastehen, und sein Antlitz soll nicht mehr erblassen. [23] Denn wenn sie sehen werden die Werke meiner Hände - seine Kinder - in ihrer Mitte, werden sie meinen Namen heiligen; sie werden den Heiligen Jakobs heiligen und den Gott Israels fürchten. [24] Und die, welche irren in ihrem Geist, werden Verstand annehmen, und die, welche murren, werden sich belehren lassen.

Das erste Jahrzehnt im neuen Jahrtausend begann mit einem Paukenschlag: Terroristen verübten einen abscheulichen Angriff auf das Weltfinanzzentrum in New York und mehr als 3000 Menschen mussten sterben. Was dann geschah, haben wir noch alle gut vor Augen. Zwei Kriege und knapp zehn Jahre später ist der Drahtzieher des Anschlags getötet worden und die Welt hat sich verändert. Muslime standen für eine lange Zeit unter Generalverdacht, oder stehen sie noch?, und womöglich hat die Koalition der Willigen den Weltlauf entscheidend bestimmt.

Allerdings war der Ertrag dieser Aktionen kein fruchtbares Land. Vielmehr schauen wir in unseren Tagen auf viel verbrannte Erde. **„Wohlan, es ist noch eine kleine Weile, so soll der Libanon fruchtbares Land**

werden, und was jetzt fruchtbares Land ist, soll wie ein Wald werden."
Wir sind wohl weit davon entfernt. Denn statt der verheißenen Tauben und Bibliotheken regiert immer noch der Terror im Irak. Oder glauben Sie, nur weil nicht mehr jeden Abend aus dem Krisengebiet berichtet wird, ist die Lage entspannt? Das gleiche gilt für Afghanistan. Wieso überhaupt, wurden diese beiden Länder mit Krieg überzogen? Warum konnte man ein ganzes Land, eine ganze Bevölkerung, in Sippenhaft nehmen - nur um einen einzigen Mann zu fangen? Den Terror hat man so jedenfalls nicht besiegt, eher im Gegenteil.

Wie so oft steht die Wahl der Mittel in keinem Verhältnis zum Ertrag. Der 11. September 2001 war ein schwarzer Tag: Für die Amerikaner, für die westliche Welt, aber auch für die vielen Muslime auf der Welt. Fortan gab es nur noch schwarz und weiß, gut und böse, grau gab es gar nicht mehr. Und ein religiös verblendeter Präsident, der seinen Feldzug göttlich legitimiert sah, war doch im Rückblick nicht von anderen religiösen Fundamentalisten zu unterscheiden, gegen die er doch eigentlich seinen Krieg gegen den Terrorismus ausgerufen hatte! Rückblickend hat der 11. September 2001 viel Unheil gebracht, viel Leid angerichtet und noch mehr Schaden verursacht, als wir das auf den ersten Blick hätten begreifen können.
Jesaja prophezeit dagegen: **Denn es wird ein Ende haben mit den Tyrannen und mit den Spöttern aus sein, und es werden vertilgt werden alle, die darauf aus sind, Unheil anzurichten.** Und tatsächlich: Es hatte ein Ende mit vielen Tyrannen, aber ist die Welt dadurch besser, gerechter, friedlicher geworden? Nein, denn das Problem ist immer noch das gleiche, so wie vor dem 11. September.

Es gehört schon eine große Portion Ignoranz dazu, wenn man ernsthaft glaubt, ein Krieg könne eine adäquate Antwort auf einen Terrorakt sein. Mir ist schon bewusst, dass die amerikanische Administration nicht anders konnte, als zurück zu schlagen, aber unter welchen Vorzeichen? Und: Macht es das besser, wenn wir wissen, dass es innenpolitische Zwänge gab, dass man mit Lügengeschichten vor die UNO gezogen war, um die

Koalition der Willigen gegen die Achse des Böse zu schmieden? Nein. Denn die Hausaufgaben wurden vorher nicht gemacht.

Und die Elenden werden wieder Freude haben am HERRN, und die Ärmsten unter den Menschen werden fröhlich sein in dem Heiligen Israels. So heißt es bei Jesaja.

Es ist wohl unbestritten. Ein Drittel der Welt besitzt, verwaltet und verbraucht zwei Drittel aller Ressourcen. Lebt man im westlichen Teil dieser Welt, kann einem das relativ egal sein, denn schlimme Entbehrungen kennen wir nicht. Wir genießen Meinungsfreiheit, Wahlrecht, Demonstrationsrecht, uns wird eine Würde zugesprochen, wir leben in einer befriedeten Zone. Uns geht es gut. Aber es gibt andere Flecken auf dieser Welt, da sieht es ganz anders aus. Da leben die Ärmsten der Armen, die unzufrieden sind mit ihrer Situation. Oft fehlt Arbeit, und wenn es sie gibt, reicht das Einkommen nicht. Nur ein Beispiel: Während der Modekonzern H&M Millionengewinne einfährt, im letzten Jahr waren es 522 Millionen Euro, kippen in den Fertigungsfabriken reihenweise Näherinnen um, weil die Arbeitsbedingungen miserabel sind. Darüber hinaus arbeiten die Frauen bis zu 14 Stunden am Tag – sieben Tage die Woche. Mit dem Niedriglohn von 30 Cent die Stunde können sie kaum überleben. Glauben Sie mir, die Zahl der Menschen, die auch was abhaben wollen vom großen, süßen Kuchen, aber nicht dran können, weil wir von sicheren Drittstaaten umgeben sind., wird größer und damit auch die Frustration.

Das Bundesamt für politische Bildung beschreibt das so: **„Die weltweite mediale Vermittlung westlichen und für viele Länder unerreichbaren Wohlstandes via Fernsehen und Internet kann zudem in Entwicklungsländern Aggressionen und Migrationsbereitschaft wecken. Gelänge es in der Zukunft nicht, diese skizzierten Polarisierungsdynamiken zu stoppen, könnte das globale Ungleichheitssyndrom zu einem Sprengsatz für das internationale System werden. Auch wenn von Armut und zunehmender Ungleichheit keine direkten Wege zu Staatenzerfall, Bürgerkriegen oder gar transnationalem Terrorismus führen, schaffen sie doch ein Klima der Frustration und**

Hoffnungslosigkeit, in dem unterschiedlichste Formen der Gewalt gedeihen und ihre Wirkung entfalten können."

In so einem Klima gedeihen dann solche verrückten Pläne, wie wir sie am 11. September 2001 gesehen und erlebt haben. Kein Krieg der Welt kann so etwas verändern, wohl aber ein aufrichtiges „salem aleikum", ein „Friede sei mit dir", der arabische Friedensgruß, vermag es, diese Dinge zu ändern.
Und wenn wir beginnen, solche Dinge zu ändern und Ungerechtigkeiten verhindern und beenden vielleicht fühlt sich dann auch der unterprivilegierte schwarze Südafrikaner wahr- und ernst genommen, der in manchen Landesteilen Südafrikas immer noch die Straßenseite wechselt, wenn ein Weißer ihm entgegenkommt. Denn auch hier gilt ein falsches oben und unten, das durch einen Sprachkolonialismus erster Güte geprägt wird. Wer lernen will, kann das nicht in seiner Muttersprache tun. Er muss erst mal eine andere Sprache lernen, um überhaupt an den Stoff zu kommen. Dass vielen diese Leistung nicht gelingt, weil eine weitere Hürde auf dem Weg, ist deutlich. Aber wer braucht in Südafrika schon gebildete Schwarze? Wer geht denn dann in die Minen und holt die Metalle aus dem Gestein, die wir für unsere Laptops, Smartphones, ipads und Flachfernseher brauchen?

Liebe Gemeinde, bleibt es dabei? Erkennen wir die Abgründe und strafen Jesaja dennoch Lügen? Wir erinnern uns 2011 bis heute knapp vierzehn Tage auf allen Kanälen und in allen Zeitungen und Magazinen an ein schreckliches Ereignis und sind auch nach der 1000 Wiederholung dieser furchtbaren Bilder immer noch betroffen und erkennen, auf dem Sofa sitzend, wieder das Unglaubliche der Ereignisse und wie die Welt sich durch dieses Ereignis verändert hat.
Aber: War es das dann auch? Haben wir uns mit all dem abgefunden und arrangiert? Haben wir uns abgefunden mit denen, **„die auf die Gräber ihrer Opfer spucken"**, wie es Johannes Taig schreibt, und sich öffentlich darüber freuen, dass ein Mensch gezielt getötet worden ist? Haben wir uns mit einer Welt arrangiert, in der die Thesen, die wir eigentlich vertreten:

Glaube, Liebe und Hoffnung, eigentlich ein ungedeckter Scheck sind oder zumindest von vielen als solcher behandelt wird?

Hören wir doch noch einmal auf Jesaja: **Darum spricht der HERR: Jakob soll nicht mehr beschämt dastehen, und sein Antlitz soll nicht mehr erblassen. Denn wenn sie sehen werden die Werke meiner Hände - seine Kinder - in ihrer Mitte, werden sie meinen Namen heiligen; sie werden den Heiligen Jakobs heiligen und den Gott Israels fürchten. Und die, welche irren in ihrem Geist, werden Verstand annehmen, und die, welche murren, werden sich belehren lassen.**

Ist das jetzt nur fromme Rhetorik oder ein frühes: **„Empört euch!"** so wie es der Philosoph Stephan Hessel formuliert hat: **„Neues schaffen heißt Widerstand leisten! Widerstand leisten heißt Neues schaffen!"** Das alte Muster von Auge um Auge und Zahn um Zahn hat doch schon lange ausgedient und unser neues ist auch gar nicht mehr so neu. Immerhin hat die Geschichte um Jesus ja schon einiges auf dem Buckel. Diese Botschaft hat sich bewährt. Wir müssen nicht beschämt dastehen und als Spinner abgetan werden, wenn wir mit unseren Vorschlägen zu einer neuen Weltordnung daher kommen: Es braucht keine Gewalt und keine weitere Ausbeutung und schon gar nicht das eine auf dem Rücken des anderen.

Jesaja hat ein Bild davon gemalt, wie es sein könnte, wenn... Ja, wenn wir uns nicht dem Diktat der Zeit ergeben, sondern den anderen Weg gehen würden. Einen Weg, der die Spötter verachtet und die Tyrannen von morgen heute gar nicht erst entstehen lässt, weil die Welt von morgen eine andere ist. Liebevoller, hoffnungsvoller, warmherziger. Denn das ist die Alternative zu einem Leben, zu einer Welt, wie wir sie kennen, und dann ist das **„Wohlan, es ist noch eine kleine Weile"**, kein ungedeckter Scheck mehr, sondern schon bald Realität.
AMEN!

Printed by Books on Demand GmbH, Norderstedt / Germany